ÜBERSETZUNG : WEG UND IRRWEG

Voraussetzung der Übersetzung, theoretischer Verlauf, Mechanismen ihres fehlerhaften Ausdrucks am Beispiel vom Widersinn

Justin Abo KOUAME

ÜBERSETZUNG : WEG UND IRRWEG

Voraussetzung der Übersetzung, theoretischer Verlauf, Mechanismen ihres fehlerhaften Ausdrucks am Beispiel vom Widersinn

L'Harmattan

5-7, rue de l'École-Polytechnique ; 75005 Paris

http://www.librairieharmattan.com
harmattan1@wanadoo.fr

ISBN : 978-2-343-11166-7
EAN :9782343111667

WIDMUNG

An meine Kinder
Tijus-Auriol Niney, Kilian-Joris Dimoinoux, Gert-Austen Lémy

GELEITWORT

Übersetzung: Weg und Irrweg, so lautet der Titel des Buchs von Justin Abo KOUAME.

Dieses Buch ist sicherlich die Frucht einer Reflexion des Autors über die sehr lange Praxis der Übersetzung, welche ihm seine Lehrtätigkeit an der Deutsch-Abteilung der Universität Félix HOUPHOUËT-BOIGNY zur Aufgabe gemacht hat.

Übersetzen impliziert zuerst Interpretieren, denn der zu übersetzende Text muss vom Übersetzer verstanden werden. Und « Man versteht immer anders, wenn man überhaupt versteht » (Hans Georg Gadamer). Deshalb ist das gute Übersetzen keine leichte Arbeit. Es ist umso schwer, als dass es nicht nur darum geht, den Inhalt des zu übersetzenden Textes zu vermitteln, sondern auch die ganze Stimmung möglichst spüren zu lassen, die den Ausdruck des Inhalts begleitet.

Es ist beruhigend, dass Abo KOUAME den Grund der Schwierigkeit des Übersetzens klar identifiziert hat. Indem er sich vorgenommen hat, die Wichtigkeit der Allgemeinbildung als Voraussetzung eines guten Übersetzens zu erörtern, hat er den Weg zu einer erfolgreichen Übersetzung weisen und auch ebnen wollen. Und wer den Weg zu einem Ziel weiß, der kann auch wissen, wann er sich auf einem Irrweg dahin befindet.

Mit seiner linguistischen Kompetenz hat sich der Autor bemüht, den Weg und die möglichen Irrwege zu einem guten Übersetzen mit zahlreichen Beispielen und Schemata (22) wissenschaftlich zu erklären.

Zwar ist das Ziel-Publikum dieses sehr nützlichen Buchs die Germanistik-Dozenten und –Studenten; aber es behandelt die Problematik des Übersetzens im Allgemeinen. Eine französische Version dieses Werks in seinem frankophonen Erscheinungsraum wäre also nicht fehl am Platz. Dies würde das rezipierende Publikum erweitern und dem Buch einen noch größeren Erfolg sichern, wie ich es vom Herzen wünsche.

Den 14. September 2016
Prof. Dr. GNEBA Kokora Michel

VORWORT

Die vorliegenden Überlegungen haben mit der Theorie des Übersetzens zu tun, beziehen sich insofern auf allgemeine bzw. theoretische Linguistik. Dass der fehlerhafte Ausdruck des Übersetzens hier auch analysiert worden ist, verschafft dieser Arbeit einen praktischen Teil, der in die angewandte Linguistik, genauer gesagt, in die Fehlerlinguistik gehört. Insgesamt 22 Schemata als Illustrationen von Überlegungen verhelfen zum Textverständnis.

Entweder allgemein theoretisch oder praktisch fehleranalytisch durchströmt das Thema der Übersetzung dieses Werk, ein Stützpunkt für den fortgeschrittenen Lernenden bezüglich der pädagogischen Übersetzung im Rahmen des Studiums der Germanistik. Genau in diesem Rahmen wird entweder vom Französischen ins Deutsche oder umgekehrt übersetzt: deutsche Studierende im Fachbereich "Romanistik" finden deshalb in diesem Werk Stützpunkte für theoretische Überlegungen zur erfolgreichen Übersetzung. Profiübersetzer bzw. Fachübersetzer können gleichermaßen in dieser Arbeit ein Überlegungsfeld und dessen praktische Anwendung entdecken. Damit diese Arbeit dem Lernenden und dem Profi bestmöglich hilft, folgen die Überlegungen einem Leitfaden, der zweierlei aufgebaut ist, insofern im Vorfeld des Übersetzungsaktes die Voraussetzung und dann der theoretische Verlauf der Übersetzung schrittweise beschrieben werden, die nicht als strikte Vorschriften, sondern als Beitrag zum Verständnis eines komplexen Problems vorliegen. Somit wird die Leistungsverbesserung von Studierenden und von Profis erhofft. Da aber dies alles als theoretisches Ideal fungiert, ist völlig denkbar, dass unsere souveräne Menschlichkeit als denkende und fühlende Lebewesen dieses Ideal durch die Nachwirkung unserer Individualität bzw. unserer Subjektivität stört, und somit Fehlerhaftes hervorbringt. Genau diese fehlerhafte Übersetzung behandle ich durch die Beschreibung der linguistischen bzw. psycholinguistischen Mechanismen, die das Vorkommen des Widersinnes, entweder separat durch die Verwechslung oder die Interferenz als Fehlergründe oder noch binominal durch den Gründekomplex Verwechslung / Interferenz ermöglichen. Als Vorbeugungsmittel zum Fehlermachen im Bereich des Widersinnes liegt die Beschreibung dieser Fehlerdiagnose vor.

Nach dem Gesamtüberblick des Werkes scheint mir angebracht, die unterschiedlichen Kapitel detailliert zu erläutern, und dabei bespreche ich erstrangig die Voraussetzung der Übersetzung, in der die Allgemeinbildung als notwendig vorkommt. Zur Beweisführung dieser These habe ich die Frage gestellt, ob es eine Adäquatheit zwischen Allgemeinbildung und Übersetzung gibt. Die Beantwortung dieser Frage erforderte zunächst einmal, dass ich das Begriffsfeld des Ausdrucks „Allgemeinbildung" umgrenze. Dann schneide ich das Unübersetztbarkeitsproblem an und versuche dabei, die Unentbehrlichkeit der Allgemeinbildung beim Übersetzen a contrario zu beweisen. Dass Allgemeinbildung beim Übersetzungsverfahren ein Ausdrucksfeld in der inneren Sprache findet, wird schließlich behandelt. Die Tatsache, dass Allgemeinbildung und Übersetzung positiv korrelieren, adäquat zusammenhängen, gilt in diesem Kapitel als bewährte These.

Von dem Standpunkt ausgehend, dass beide obengenannte Entitäten „zusammenlauten", habe ich als notwendig zu zeigen empfunden, wie die ganze Sache theoretisch verlaufen soll, wie eigentlich Allgemeinbildung durch linguistisch pragmatische Betrachtungen bezogen auf die Übersetzung eine wirkende Harmonie zwischen Ausgangssprache (hier dem Einheimischen) und Zielsprache (hier dem Fremden) verschafft. Dafür habe ich als Untersuchungsweg in dieser Hinsicht die oben erwähnten Probleme folgenderweise gestellt: wie soll man übersetzen, wenn fremde Realitäten hier durch die deutsche Sprache ausgedrückt werden sollen? Diese Frage habe ich am Beispiel von soziokulturellen Realitäten afrikanischer Herkunft beantworten wollen. Die linguistisch theoretische Grundlage dieses Beitrags bezieht sich auf pragmalinguistische bzw. kommunikative Erwägungen, wobei der Unterschied zwischen Sprache und Parole, Kontext und Situation unvermeidlich gezogen werden soll. Beispielsätze und dann Kontra-Beispielsätze durch Unübersetztbarkeiten mit extralinguistischem afrikanischem Kolorit werden letztendlich die Stellungnahme des Verfassers bekräftigen, und zwar, dass immer pragmatisch bezogen übersetzt werden soll:. Damit ist als Kernstück dieses Kapitels gemeint, und zwar dass die bloße Wiedergabe der Ausgangssprache (hier mit afrikanischer gebräuchlicher Färbung) zielsprachig übersetzungsbezogen immer kommunikationsfremd vorliegt, wenn hier die deutsche Sprache diese Realitäten statt zielsprachig passend und deshalb fruchtbar auszudrücken, eher mechanisch automatisch durch eine nutzlose Übersetzung wiedergeben sollte. Trotzdem soll übersetzt werden, bestenfalls pragmatisch passend übersetzt werden, wofür ich übrigens plädierte. Diese pragmatisch bezogene Übersetzungsbahn soll einem idealen Weg, und zwar dem der Frage-Antwort-Theorie als Modell des Übersetzens entsprechen, einem Weg, der theoretisch prozessual skizziert, wie das Übersetzen verlaufen soll.

Das Modell des Übersetzens bezogen auf die Frage-Antwort-Theorie betrachtet den Übersetzer nicht als passiven Wiedergeber des Textinhalts, sondern als aktiven Teilnehmer an einem Übersetzungsprozess, in dem erst kognitiv ausgedachte und ausgewogene Ideen (vgl. Fragen) einen Weg zum Ergießen durch eine passende Entscheidung (vgl. Antwort) zum Übersetzen finden. Auf die Frage, wie das Übersetzen theoretisch prozessual verläuft, habe ich im Rahmen dieses Kapitels antworten wollen. Dafür wird die Frage-Antwort-Theorie als pragmatisches Modell vorgeschlagen, welches ich zu Beginn des Kapitels in einer Gesamtvorstellung beschreibe. Zentralfragen sind hier die mentalen Vorfragen gewesen, die sich prinzipiell, in der Reihenfolge, auf das Verständnis, das Interpretieren und das Vor-Übersetzen beziehen, und von deren Antwort das Glücken oder Missglücken des Übersetzungsakts streng abhängt. Im Vorfeld solcher Fragen steht das Lesen und im Nachfeld, das Übersetzen. So wird das dreifache Modell „Lesen, fragen (mental), übersetzen anstelle des klassischen Modells „Lesen, interpretieren und übersetzen" stark suggeriert. Nach dieser Gesamtvorstellung beschreibe ich detailliert das Textlesen als Voraussetzung des Übersetzens, eine Tätigkeit, die eine Lesekompetenz erfordert. Genauso detailliert beschrieben werden dann die besprochenen mentalen Fragen, die im Vorfeld des Übersetzungsakts erfolgen. In Anlehnung an Vorhergesagtes verdeutlichte ich den Begriff „Übersetzen" und letztendlich wurde schematisiert, was ich unter der vorgeschlagenen Frage-Antwort-Theorie verstand. Dies alles ist aber Theorie. Wie im täglichen Leben treten das Fremde und das Einheimische sooft in Konflikt, dass die besprochene zwischensprachliche Harmonie gefährdet sein kann. Dieser Abbruch der Harmonie heißt in der Übersetzung Fehlermachen. Daher meine Überlegungen über die Mechanismen bezogen auf den fehlerhaften Ausdruck der Übersetzung im Rahmen des Widersinnes.

Beim Wiederausdruck des Sinnes in der Zielsprache kann unglücklicherweise ein Widersinn auftreten, der dieses Verfahren beeinträchtigt. Das Verständnis eines derart schweren Fehlers erforderte das vorläufige Verständnis des Begriffs „Sinn". Vom isolierten kontextlosen und deshalb mehrdeutigen sinnfreien Wort (ohne Übersetzungsmöglichkeit) zum kontextbezogenen Wort mit übersetzbarem Sinn folgt der Autor dabei, methodisch, mit Hilfe von Beispielsätzen, einem Leitfaden zur Klärung des obengenannten Begriffs. Erst dann kommt eine Kernfrage ins Spiel, indem das Verständnis des Widersinns besprochen wird. Dabei wird erfahren, dass im Gegensatz zum Unsinn, der Widersinn in der Übersetzung nicht sinnfremd vorkommt: er ist Sinnbesitzer, nur "sagt sein Sinn dagegen". Dazu kam in einem Typisierungsversuch, dass dieser Fehler entweder (zwischensprachlich) dagegen übersetzt oder sprachlich absurd im zielsprachigen Text vorliegt, indem der Zusammenhang dieses Textes durch den Widersinn in Frage gestellt wird. Beim Vergleich des Widersinnes mit dem falschen Sinn wurde dann unternommen, die semantischen Felder beider Begriffe abzugrenzen, und somit wurde die Gelegenheit ausgenutzt, den Begriff „Widersinn" besser zu erläutern, indem „widersinnige Opposition" von der „Divergenz aus Falschsinn" abgetrennt wurde.

Nach dem Eindrang in das Beschreibungsfeld des Begriffs "Widersinn" kam ich zu den Gründen der Fehlerdiagnose "Widersinn". Übersetzungsbezogen gehört dieser Fehler ins Spektrum der gravierenden Fehler. Ihre

Gründe analysierte ich hier unter dem Blickwinkel der Verwechslung und der Interferenz. Die Bedeutung des Phänomens "Verwechslung" versuchte ich zunächst theoretisch ans Licht zu bringen, dessen Prozess am Beispiel von Wortserien dann zu beschreiben. Verwechslung bezieht sich auf intralinguale Ähnlichkeiten: die Analyse fehlerhafter Übersetzungen bekräftigten diese These. Dabei wurde erfahren, dass die Wortreihen - hier am Beispiel von der Zeitreihe und der zahlenmäßigen Reihe - aus einer ausgangssprachigen zu interpretierenden Bedeutung eines Wortes und einer extratextuellen sprachlichen Einheit derselben Sprache bestehen. Das Extratextuelle liegt im Wortgut der Ausgangssprache, wird von dort zur Verwechslung aktualisiert und dient dann, als verwechselndes Ersatzwort, zur fehlerhaften Übersetzung. Eine solche Reihe, mit dem Ersatzwort als Bestandteil, ist so systematisch organisiert, dass ein Rückgriff darauf zur fehlerhaften Übersetzung führt, soweit morphophonologische Ähnlichkeiten diesen Prozess erleichtern. Da das Vorkommen der Wortverwechslung durch Unvorsichtigkeit begründet werden kann, wurde empfohlen, bei Übersetzungen extrem aufmerksam zu sein.

Der nachkommende Fehlergrund, der der Interferenz, wird übersetzungsbezogen noch im Bereich der Fehlerlinguistik untersucht. Zum Verständnis dieses Begriffs wurde in erster Linie angemerkt, dass die Interferenz prinzipgemäß fremdsprachlich orientiert ist, sich jedoch auf die Muttersprache beziehen kann. Diese mögliche Hin- und Herbewegung der Interferenz weist genug darauf, wie sich Muttersprache und Fremdsprache gegenseitig negativ beeinflussen können. Da die Interferenz zwischensprachliche Ähnlichkeitsmerkmale trägt, scheint die Sprachverwandtschaft bzw. die Sprachfamilie die Entstehungsherde dieses Phänomens zu sein, und in dieser Hinsicht wurde die Sprachfamilie des Indoeuropäischen untersucht, eine Sprachverwandtschaft, in der die deutsche Sprache als Schwerpunkt lag. Soweit fremdsprachig übersetzt, wie hier mit Französisch als Muttersprache bei der Übersetzung vom Französischen ins Deutsche der Fall war, kann die Muttersprache die Fremdsprache interferenziell beeinflussen. In der verkehrten Übung, und zwar in der Übersetzung von der Fremdsprache in die Muttersprache, soweit beide Sprachen relativ gleichermaßen beherrscht sind, kann eher die Muttersprache interferenziell beeinträchtigt werden. Zufolge dieser theoretischen Betrachtungen ist eine fehlerhafte Übersetzung am Beispiel von falschen Freunden analysiert worden. Diese Analyse, die sich auf morphologische Ähnlichkeiten stützte, hat das psychologische Vorkommen der Interferenz zeigen können.

Nebenbei anzumerken war, dass Verwechslung und Interferenz oft isoliert fehlerhafte Übersetzungen erklären. Manchmal aber kann eine fehlerhafte Übersetzung potentiell zweifach durch Verwechslung und Interferenz erklärt werden, soweit beide Sprachphänomene ausgangssprachig sprachintern durch die Verwechslung und zwischensprachlich mittels der Interferenz die Übersetzung eines bestimmten Wortsinnes mit Fehlern behaften können: aufgrund von morphophonologischen Ähnlichkeiten findet das Binom Interferenz / Verwechslung ein vorzügliches Ausdrucksfeld in der ternären Angabe (Übersetztes / Ersatzwort / Übersetzendes), in der die Bestandteile in Beziehung zueinander stehen. Nicht alle Wörter sind aber mit ausgangssprachigen sowie zielsprachigen Wörtern potentiell verwechselbar und interferierbar. Die Aktualisierung einer solchen Möglichkeit schafft, was ich als potentiellen Fehlerkomplex bezeichnete. Dieses mögliche Erklärungspaar fehlerhafter Übersetzungen gliedere ich an theoretische Betrachtungen gleich zu Beginn der Analyse des Binoms Interferenz / Verwechslung an. Erst dann analysierte ich praktisch fehlerhafte übersetzungsbezogene Satzbeispiele, Analysen, die die Hypothese bekräftigten, und zwar, dass Verwechslung und Interferenz, übersetzungsbezogen, als Fehlerkomplex funktionieren können, was eine konsequente Didaktik fordert, die sich auf lexikologische sowie semantische Erwägungen stützen soll.

J. A. K.
Abidjan, den 07. August 2016

EINLEITUNG

Worte über Worte. So resümiert sich die ganze Sprachwissenschaft. Das ist ihr Wesen und ihre immanente Paradoxie. Wo findet sich das noch einmal, dass der Gegenstand einer Wissenschaft und ihr Darstellungsmittel identisch sind? Jedenfalls bestimmt diese Tatsache die Besonderheit der Sprachwissenschaft.[1]

Dieser Leitgedanke Arens ist nicht anders als eine metasprachliche Erwägung, die die Eigenartigkeit der Sprachwissenschaft in der Wissenschaft genug zeigt. Von diesem Gedanken ausgehend kann die Übersetzungswissenschaft als metasprachliche Worte über das Übersetzungsverfahren auf sprachwissenschaftlichem Gebiet verstanden werden. Die Gesamtheit dieser Worte schafft ein Gesamtwissen, das sich der leistungsfähige Übersetzer zu eigen machen soll, damit das Über-Setzen bzw. der Wiederausdruck kontext- bzw. situationsbedingten Wortsinnes mit dem bestmöglich geringsten Sinnverlust verläuft. Die vorliegende Studie gehört in das metasprachliche Wissen über das Verständnis eines komplexen Phänomens, das die Vielseitigkeit der natürlichen Sprachen notwendigerweise mit in sich einbezieht. Unter diesem Blickwinkel ist das Sprechen, das übersetzt, nicht nur als sprachliches Material und Semantismus, sondern auch als „Parole“ und Pragmatismus zu betrachten, was die Natur der „komplexen kommunikationsbezogenen Sprache“ näher

[1] Hans ARENS : Sprachwissenschaft. Der Gang ihrer Entwicklung von der Antike bis zur Gegenwart, 2. Auflage, Verlag Karl Alber, München / Freiburg, 1969, S. 737.

und eingehender ausdrückt. Das Übersetzen als Thema dieses Buches gehört genau in die beiden vorletzt genannten Angaben. Als pragmatisch übersetzende Parole soll der Zieltext den Ausgangstext so gut wie möglich ausdrücken, vor allem darauf achten, dass der zwischensprachlich unvermeidbare Abstand am kleinsten vorliegt, es sei denn, dass Unübersetztbarkeiten das Erreichen dieses Ziels wegen „Parolelosigkeit" seitens des Übersetzers problematisieren. Es springt hier in die Augen, dass das Gehen des Übersetzungswegs keine Sinekure sein kann. Mit dem Buchtitel „Übersetzung: Weg und Irrweg..." setze ich mir genau zum Ziel, den betreffenden steilen Übersetzungsweg sowie den Irrweg „Widersinn" linguistisch zu beschreiben. Dabei wird erhofft, den Übersetzungsprozess mit einem vorgeschlagenen Übersetzungsmuster erfolgreich darzustellen, ein Weg, der potentiell gegangen werden soll, damit das Gehen von Irrwegen vermieden wird. Zu diesem spannenden Zweck beginne ich mein Unternehmen mit Überlegungen über die *Voraussetzung der Übersetzung*. Dann versuche ich *den theoretischen Verlauf des Übersetzens* klarzustellen und zuletzt wird auf die Mechanismen des fehlerhaften Ausdrucks der Übersetzung am Beispiel vom Widersinn fokussiert.

KAPITEL 1

VORAUSSETZUNG DES ÜBERSETZUNGSAKTES : DIE NOTWENDIGKEIT DER ALLGEMEINBILDUNG ZUM AUSDRUCK EINER WIRKSAMEN INNEREN SPRACHE IM VORFELD DES ÜBERSETZUNGSAKTES

La dimension culturelle intervient sous trois aspects dans la version. En tant qu'elle est un exercice de français-cible, la version atteste d'une part si le candidat est cultivé, s'il a en même temps une formation fondamentale, « une culture personnelle ». Elle manifeste d'autre part les scotomisations et occultations qui définissent la norme linguistique et culturelle d'un français cible « académique ».

J. R. Ladmiral (1972 : 27)

Anthropologisch wohlbekannt ist, dass sowohl vielseitiges theoretisches Wissen als auch allerart praxisbezogene Kenntnisse[2], gemeinsam oder getrennt,

[2] Die Begriffe „Wissen“ und „Kenntnis“ sind üblicherweise semantisch unterschiedslos gebraucht. In der vorliegenden Forschungsarbeit unterscheide ich jedoch jene Begriffe scharf voneinander. Bei dem Begriff Kenntnis als empirische praxisbezogene Angabe können die semantischen Züge des zu kennenden Referenten bzw. Objekts nicht erschöpfend beschrieben werden, und so liegt die Kenntnis notwendigerweise mangelhaft vor: wenn ich sage „Ich kenne dich“ -„Ich weiß dich“ wäre hier unsinnig-, kann ich zwar am Ende eines Prozesses tiefgreifend kennen (vgl. das Verb „kennenlernen“ auf einen Prozess

„still“ in jeder Sprache vorliegen und bestenfalls schriftlich[3] festgehalten sind. Jeder weiß auch, dass muttersprachlich sowie fremdsprachlich geschrieben werden kann, und diese Doppelform der Sprache ist oft ein Anlass dazu, dass fremdsprachliche Gedanken durch notwendige Übersetzungen zum Ausdruck kommen. So werden die Sprachgrenzen tagtäglich überschritten, damit das Allgemeingut der Kenntnisse und des Wissens dem Übersetzungsrezipienten weltweit durch allerlei Beziehungen zur Verfügung steht. Die Rolle des Übersetzers ist also, Sprachgrenzen abzubauen und an deren Stelle Sprachbrücken aufzubauen. Dafür benötigt er selber notwendigerweise Allgemeinbildung um seinen eigenen Gedanken „Nahrung“ zu geben, damit das von ihm Übersetzte, inhaltlich sowie sprachlich formal adäquat vorliegt. Die Übersetzung als pädagogische Klassenarbeit setzt sich die besprochene Adäquatheit zum Ziel und erfordert demzufolge, dass beispielsweise der Student bzw. der Schüler über eine solide Allgemeinbildung verfügt. Daher die Frage, ob die Übersetzungsqualität eng von der Allgemeinbildung abhängt. Zur Beantwortung dieser Frage werde ich zu Beginn den Begriff „Allgemeinbildung“ erläutern. Wie die Unübersetztbarkeit

---

hinweisend), aber nicht von Kopf bis Fuß. Mit dem Begriff „Wissen“ als wissenschaftlich theoretische Angabe ist der Referent, wenn auch nicht durch semantische Züge gründlich beschreibbar, trotzdem im kollektiven Gedächtnis als erschöpfend, objektiv und logisch rationell beschrieben angegeben: der Vielwissende wird allgemein als ein Allwissender oder mindestens als ein potentieller Allwissender angenommen, (vgl. den vielsagenden französischen Terminus „savant“ und dessen semantischer Hauptzug „savoir“ // „Wissen“). Ebenfalls soll unter Bildung und Erfahrung unterschieden werden, wobei unter Bildungsträger Wissenschaftler zu verstehen ist, während der Erfahrungsträger als Kenntnisträger begriffen wird.

3 Es gibt Sprachen, die noch nicht geschrieben sind: die sogenannten mündlichen Sprachen.

die Notwendigkeit der „Allgemeinbildung“ als Gegenbeweis bestätigt, behandle ich unmittelbar danach, und dann werde ich zeigen, wie die Allgemeinbildung die innere Sprache durchströmt.

1.1- ALLGEMEINBILDUNG: WAS SOLL DARUNTER VERSTANDEN WERDEN?

Das weite Kenntnis- und Wissensfeld des Menschen auf Erden durchströmt, meiner Ansicht nach, die Allgemeinbildung. Somit hat „Allgemeinbildung“, intra- sowie extralinguistisch, mit Theorie und Praxis zu tun, und der Übersetzer soll darüber verfügen. Die Allgemeinbildung als Gesamtheit der extralinguistischen empirischen praxisbezogenen Sachkenntnisse behandle ich zunächst einmal im Rahmen der Übersetzungsangabe detailliert, dann bespreche ich die Allgemeinbildung als theoretisches interdisziplinär bezogenes Wissen, und letztendlich stelle ich die Frage, ob der Weisheitsträger (als Kenntnis- und nicht als Wissensträger) in den sogenannten schriftlosen Gesellschaften auch als Allgemeinbildungsträger betrachtet werden kann.

1.2- DIE GESAMTHEIT DER PRAXISBEZOGENEN SACHKENNTNISSE IM VORFELD DES ÜBERSETZUNGSPROZESSES: ALLGEMEINBILDUNG ALS EMPIRISCHER[4] EXTRALINGUISTISCHER ERFAHRUNGSPROZESS.

Der Mensch ist ein denkendes und empfindendes Stück Natur. Die Umwelt, in der er lebt, ist ein weites Erlebnisfeld, das er täglich urbar macht. Die Gesamtheit der Erlebnisse, die die Lebenspraxis ihm verschafft, macht aus ihm einen erfahrenen Menschen mit mehr oder weniger, guter oder böser Erfahrung. Erfahren wird also jeder Mensch lebenslang in dieser Hinsicht. So begriffen ist der Mensch als Erfahrungsträger, wie mir scheint, auch Kulturträger, und dabei definiere ich Kultur teilweise pragmatisch als eine empirische spekulative Sachkenntnis auf dem Boden der Erfahrung, auf dem der Mensch lebenslang seine Weltanschauung schrittweise bildet und festigt. Natürlich soll diese Kenntnis einen sprachlichen Stützpfeiler finden, denn wozu eigentlich Kenntnisse, wenn diese durch Sprache nicht mitgeteilt werden können? Eine enge Beziehung zwischen Kenntnis und Sprache (Sprache als Kenntnisträgerin) besteht also, und deshalb stimme ich zu, wenn Finck (1969: 407) sagt:

Die Art..., wie jeder seine Vorstellung bildet, wie er Gesamtvorstellungen in Bestandteile zerlegt, diese in Kategorien einordnet und miteinander zu einem Gedanken verknüpft, das ist offenbar die Art, wie er sich die Welt vorstellt, wie er sie- seiner Ansicht nach- anschaut, also in des Wortes eigenster Bedeutung seine Weltanschauung...Für die Weltanschauung einer geistigen Gemeinschaft kommen nur die Vorstellungen in Betracht,

---

4 „Empirisch", auf der Erfahrung beruhend, im Gegensatz zu „rational".

die einen sprachlichen Ausdruck gefunden haben. Die Weltanschauung einer geistigen Gemeinschaft ist demnach die Art, wie sprachlich zum Ausdruck gelangende Vorstellungen gebildet werden, wie sprachlich auszudrückende Gesamtvorstellungen in Bestandteile zerlegt, wie diese geordnet und verknüpft werden. Die Art der Vorstellungsbildung lehrt uns die Etymologie und die Synonymik [...]. Die Zerlegung von Gesamtvorstellungen in Bestandteile: die dann geordnet und wieder verknüpft werden, verrät uns der Sprachbau.

Solch eine Sachkenntnis ist ein umfangreiches Kenntnisfeld voller Ereignisse, auf dem Kultur und Zivilisation[5] als praxisbezogene Angaben eng verflochten sind. Wenn eine derartige Auffassung glücklicherweise der eines bestimmten Volkes harmonisch entspricht, dann bekommen wir eine lokalverfärbte anthropologische[6] Angabe, die Volkskosmogonie, deren Maßstab das ist, was

---

5 „*Kultur und Zivilisation: Im heutigen deutschen Sprachgebrauch stehen die beiden Begriffe Kultur und Zivilisation ohne klare Abgrenzung nebeneinander, wobei im Begriff Zivilisation i.a. der Aspekt des technischen Fortschritts mit enthalten ist*“, vgl. Brockhaus Enzyklopädie, Nr. 12: (1994: 580).
« *Une définition plus large [...] utilise le terme culture aussi bien pour décrire les coutumes, les croyances, la langue, les idées, les goûts esthétiques et la connaissance technique, l'organisation de l'environnement total de l'homme, c'est-à-dire la culture matérielle, les outils, l'habitat et plus généralement les rapports et les comportements d'un groupe social avec l'environnement* », vgl. Encyclopaedia universalis, Nr. 5 (1998 : 873). Genauso generalisierend integrativ erfasse ich auch den Begriff « Kultur », der meiner Ansicht nach, auch den Begriff „Zivilisation“ integrieren soll. Jedesmal ist also in der vorliegenden Arbeit, beim Gebrauch des Wortes „Makrokultur“, zugleich „Allgemeinbildung“ gemeint, wozu Zivilisation gehört.

6 „*Kulturantrhopologie: Richtung der Anthropologie, die über die Erforschung der Kulturgüter zu allgemeingültigen Aussagen über die Menschen als Kulturfähiges Wesen zu gelangen sucht*“, vgl. Brockhaus Wahrig: deutsches Wörterbuch (1982: 343).

ich Volksgefühl nenne. Als Bestandteil jenes Volkes ist der sogenannte empirische Kulturträger auch Volksgefühlsträger und Verwahrer der Volkskosmogonie, die gefühlsmäßig die Seele eines angegebenen Volkes ausmacht. Das Volksgefühl offenbart sich im täglichen Leben als Zugangsmittel zu empirischen kulturbezogenen Sachkenntnissen.

Was das Übersetzungsverfahren angeht, schöpft der Übersetzer meines Erachtens empirisch intuitiv aus diesem Volksgefühl, um als Individuum den Sinn des Wortes gegebenenfalls unmittelbar erfassen zu können. Ich sage hier erfassen und nicht verstehen, denn der Verstand verfährt beim Verstehen nicht gefühlsmäßig bzw. intuitiv wie beim Erfassen, sondern rational. Wenn man eine Fremdsprache lernt, versucht man in Einklang mit oben genanntem Volksgefühl zu sein, welches sich beim Übersetzen wirkungsvoll als Sprachgefühl[7] äußern kann. Die übertragenen Sinne mit situativ begreifbaren Referenten sowie die fremdartigen Idiome lassen sich größtenteils durch das unmittelbar wirkende Sprachgefühl übersetzen. Im Französischen heißt „ avoir une langue dangereuse“ nicht „eine gefährliche Zunge haben“ – was übrigens im Deutschen nicht idiomatisch und deshalb sinnlos wäre –, sondern ein Mensch, der seinem Mitmenschen Böses sagt, was im Deutschen idiomatisch durch „ein übles Maul haben“ übersetzbar ist. Dabei gehören zwar die linguistischen Begriffe „langue“ und „Maul“, jeweils im Französischen und im Deutschen,

---

[7] Das Sprachgefühl kommt natürlich aus der Muttersprache oder wird durch den Umgang mit der Fremdsprache erworben. Dadurch werden wir den Dingen und uns selbst bewusst, wie im Wörterbuch « Encyclopaedia universalis » geschrieben wird: « *Le sentiment est avant tout l'acte et le résultat du sentir, lequel désigne la prise de conscience immédiate, sans intermédiaire, sans distance, des choses et de nous-mêmes* », vgl. Encyclopaedia universalis, Nr. 16 (1998 : 730).

gleichermaßen zum Hauptbegriff „Körperteil" und sind insofern bei diesem semantischen Zug ähnlich. Die oben genannten Begriffe haben jedoch auch unterschiedliche semantische Züge: die semantischen Züge „Mensch", „Sprechorgan" (in den Begriffen „langue" //„Zunge" erkennbar) und auch den semantischen Zug „Tier" (im Begriff „Maul" ersichtlich). Durch diese Züge werden auf unterschiedliche Referenten bzw. Denotate hingewiesen (vgl. „Mensch" gegenüber „Tier") und deshalb unterschiedliche Weltanschauungen idiomatisch metaphorisch geschildert. Genauso kommen im Adjektiv „dangereuse" (beim französischen Nominalsyntagma „une langue dangereuse") sowie im Adjektiv „übles" (beim deutschen Nominalsyntagma „übles Maul") die jeweiligen semantischen Züge „gefährlich" und „schlecht" als Merkmale[8] unterschiedlicher Natur zur Beschreibung unterschiedlicher Weltanschauungen vor. Ebenso gibt uns das besprochene Sprachgefühl unmittelbaren Zugang zur passenden Übersetzung, wenn wir den französischen Ausdruck „riche comme Crésus" durch den deutschen Ausdruck „steinreich" idiomatisch übersetzen. Auf diesem Gebiet beschreiben die semantischen Züge „Mensch"; „Bibel" (vgl. „Crésus"); Objekt und „Menge"; (vgl. Menge der „Steine") jeweils im Französischen und im Deutschen unterschiedliche Referenten, wenn es darum geht, den Reichtum metaphorisch (im Deutschen) bzw. komparativ (im Französischen) auszudrücken.

Auf der Basis von oben genannten Beispielen soll der Übersetzer die auf typischen Referenten basierende Fremdkultur kennen, also in diesem Sinne allgemein gebildet sein, damit er ein wirksames Sprachgefühl für

---

[8] Die semantischen Merkmale „gefährlich" und „schlecht" funktionieren hier als virtuelle Merkmale, insofern sie jeweils in übertragenem metaphorischem Sinne verwendet werden, und somit die Referenten nur uncharakteristisch beschreiben.

eine passende Übersetzung entwickelt. Sprachaufenthalte könnten für ihn erforderlich sein, um sich die fremde Kultur anzueignen. Soweit geht die Teilerklärung des Ausdrucks „Allgemeinbildung“ als empirische Kenntnis. Zur optimalen Entfaltung seiner Übersetzungsfähigkeit soll aber der Übersetzer auch theoretisches Wissen im Vorfeld des Übersetzungsprozesses haben, und diese Forderung will ich nachstehend klären.

1.3- THEORETISCHES WISSEN IM VORFELD DES ÜBERSETZUNGSPROZESSES: ALLGEMEINBILDUNG ALS EXTRA- UND INTRALINGUISTISCHER WISSENSCHAFTLICHER BILDUNGSPROZESS AUS DEM BILDUNGSSYSTEM AM BEISPIEL VON DER INTERDISZIPLINARITÄT.

Schulen oder Universitäten funktionieren weltweit als bildungsschaffende Institutionen durch das vielseitige theoretische Wissen, welches diese Institutionen dem Lernenden beizubringen versuchen. Eine Menge von Disziplinen bzw. Fächern werden also in dieser Hinsicht schrittweise von der Schule zur Universität unterrichtet, und das Abschlussdiplom in der Endphase des Lernens gilt theoretisch als ein „Reifezeugnis“, das Aufschluss über eine akademische Bildung gibt. Akademisch allgemein gebildet ist aber wirklich jeder Diplomierte, wenn er imstande ist, das beigebrachte Wissen durch logische Verknüpfungen miteinander zu kombinieren, um sich die Welt wissenschaftlich durch Vergleich und Deduktion, also logisch rational -und nicht mehr empirisch intuitiv wie bei der Kenntnisangabe- zu erklären: so wird man interdisziplinär allgemein gebildet. Allgemeinbildung ist hier also ein weites logisch aufgebautes enzyklopädisches Wissensfeld über die Welt und die Umwelt, ein interdisziplinäres Feld, auf dem Lehrfächer wie

Landeskunde, Linguistik, Psychologie, Soziologie, Biologie, Geologie, Politik, Wirtschaft, Mathematik u.a. einen Boden finden. Wenn M. Rochard (2007), in nachstehender Formulierung, von nicht-linguistischen Kenntnissen (vgl. „connaissances non linguistiques“) in Bezug auf den Begriff Ökonomie spricht, verstehen wir ganz klar, dass im Übersetzen der Erwerb extralinguistischer Angaben durch Wissenschaft unvermeidlich dabei ist:

Comment traduire des expressions telles que « narrow money aggregate » ou « target range » en ne se fiant qu'à des connaissances linguistiques ou en s'appuyant sur des dictionnaires, nous n'arriverons qu'à des expressions maladroites qui ne seraient évocatrices ni pour le profane, ni pour l'économiste. Si en revanche, nous faisons intervenir des connaissances non linguistiques, c'est-à-dire économiques et monétaires dans le cas présent, le sens de ce passage devient plus clair.

Wir sahen, wie Extralinguistisches mit Kenntnis als empirische praxisbezogene Erfahrung zu tun hat. Hier, in diesem Kapitel, gab ich zu verstehen, dass Extralinguistisches auch mit theoretischem Wissen zusammengeht. Der Begriff „Extralinguistisch“, der hier zweierlei die Unterbegriffe „Kenntnis“ und „Wissen“ in sich trägt, ist deshalb umfangreicher als der Begriff „intralinguistisch“. Daraus folgt, dass sich Extralinguistisches mit Makrokultur verknüpft, während sich Intralinguistisches (exklusiv auf den Begriff „langue“ bezogen) einschränkend auf den Begriff „Wissen“ (Wissen durch „langue“ übermittelt) bezieht, und deshalb auf Mikrokultur deutet. Anders gesagt, trägt die Sprache mikrokulturell intralinguistisch das logisch rationale Wissen sowie (wenn auch nicht immer) die empirisch aufgebaute Kenntnis, die aus der Lebenserfahrung„

Nahrung“ bekommt und somit in der Makrokultur am Platze ist.

Ich nenne Makrokultur -ihres Umfangs wegen - genau extralinguistisch erworbenes Wissen aus dem Bildungssystem (vgl. Interdisziplinarität) sowie extralinguistisch erworbene Kenntnis aus Erfahrung.

„Intralinguistisches mikrokulturelles Wissen“ nenne ich streng normiertes rein sprachliches Wissen aus dem Bildungssystem wie die Sprachnormierung am Beispiel von der Grammatik. Das nennt M. Rochard (2007) bezüglich des Englischen, semantisch sowie grammatisch aufgefasst, „connaissances de l’anglais“:

Grâce à ces connaissances économiques et monétaires, c’est-à-dire à des connaissances de la chose désignée par les mots employés par Feldstein, et naturellement grâce à nos connaissances de l’anglais et de notre langue maternelle, nous sommes parvenu à traduire ce passage de la façon suivante.

Wandruszka *(1972: 11)* spricht seinerseits von « connaissance de l’allemand » sicher in dieser intralinguischen Hinsicht:

L’allemand par exemple est parlé en Allemagne, Autriche et Suisse. Il existe un fond commun important, mais aussi des différences plus ou moins prononcées entre les langues de l’Autriche, de la République démocratique, de la République fédérale et de la Suisse. L’allemand est d’autre part utilisé dans divers pays de l’Est pour les publications scientifiques et techniques. La connaissance de l’allemand est insuffisante pour faire une traduction correcte et doit être complétée par une connaissance sérieuse du pays d’origine de l’auteur (culture, organisation politique et sociale, géographie, etc.)

Von diesen Definitionen ausgehend, soll dem guten Übersetzer Makrokultur (vgl. Kenntnis und Wissen) sowie

Mikrokultur (vgl. „langue") notwendigerweise zur Verfügung stehen, und deshalb soll er, interdisziplinär gesehen, neben den Kenntnissen, die ihm das Leben schon verschafft hat, auch sein Wissen aus akademischen Lehrfächern schöpfen und aufbauen, um als vollkommener Übersetzer, seine Bildung konsequent ergänzen lassen zu können, und durch die passende grammatisch treue „langue" eine passende Übersetzung „ergießen" zu lassen. Übrigens, der Begriff „extralinguistisch", ein Terminus, dessen Bedeutung ich meinerseits umfassend makrokulturell mit den Begriffen „Wissen" und „Kenntnis" verknüpfe, verbindet S. T. Agildere einschränkend mit dem Begriff „Kenntnis" (vgl. « *connaissance du monde du traducteur*») :

Le processus de la compréhension du récepteur ne se déroule pas seulement au niveau de ses connaissances linguistiques mais aussi au niveau de ses connaissances extra-linguistiques. Les éléments extra-linguistiques appartiennent à la connaissance du monde du traducteur (récepteur-émetteur) qui contribue largement au processus de compréhension.[9]

Am Beispiel von der deutschen Sprache macht die besondere Sprachgeschichte Deutschlands -z.B. die besondere Geschichte der deutschen Sprache mit indoeuropäischem bzw. indogermanischem[10] Hintergrund- den extralinguistischen Hintergrund der deutschen Sprache aus, und dieses Wissen soll dem Studenten,

---

9 S. T. Agildere : *La notion du sens dans la théorie interprétative et dans l'approche communicative : ses reflets sur « la traduction pédagogique »*, in : Online-Artikel, www.tomer.ankara.edu.tr/dildergileri/123/19-30, Seite am 24. 10. 2009 geöffnet.

10 „Für den in der deutschen Sprachwissenschaft eingebürgerten Begriff „Indogermanisch" (Idg.) sagt man nach internationalem Gebrauch meist „Indoeuropäisch" (Ie.)", vgl. P. von Polenz (1978: 11).

beispielsweise im Fachbereich Landeskunde, pädagogisch zielgemäß so beigebracht werden, dass dieser Student mit der pädagogischen Übersetzung besser umgeht.

Betrachten wir die Systemlinguistik unter dem Blickwinkel der deutschen Grammatik. Übersetzen kann man überhaupt nicht, wenn einem die grammatische Kompetenz im Bereich der deutschen Sprache fremd ist; dies weiß ich aufgrund von langjährigen Erfahrungen im Rahmen des Übersetzungsunterrichtes. Deshalb soll die Art und Weise, wie die Grammatik an den Deutschabteilungen -z. B. hier an der Deutschabteilung von der Universität Félix Houphouët-Boigny Abidjan-Cocody - erteilt wird, in Bezug auf das Fach „Übersetzen" tiefgreifend umgedacht werden, damit die Leistungen der Studenten in dieser Hinsicht besser aussehen. Dieses Wissen bezüglich der Grammatik ist mikrokulturell und umfasst hier unter anderem die Morphologie, die Satzbaulehre bzw. Syntax, die Orthographie des Deutschen... Ich will das eben Gesagte am Beispiel von dem Wort „zerlegbar" im Satz „ *Dieses Auto ist vom Mechaniker bis zum allerletzten Teil zerlegbar"* illustrieren.

Morphologisch gesehen, besteht das Wort „zerlegbar" aus drei Morphemen[11], und dies muss der Übersetzer im Vorfeld der Übersetzung wissen: zerlegbar ist also das Wort „Zerlegbar" in „zer- "; „-leg-" und „-bar". Seitens der Präfigierung trägt das Morphem „zer-" das semantische Merkmal „Trennung", von dem übrigens das Wort „zerlegbar" seine Hauptbedeutung „Trennung" bekommt. Das Merkmal „Trennung" macht hier, in der Tat, den „saussureschen Wert" des Wortes „zerlegbar" aus. Um das zu begründen, lohnt es sich zu sagen, dass das

---

[11] Morphem als kleinste bedeutungstragende, nicht weiter zerlegbare Einheit.

Präfix „zer-“ in der Präfigierung der Wörter „zerschießen“; „zerstechen“ oder „zerlesen“ sowie in der des Wortes „zerlegen“ jeweils andere Merkmale, andere Werte in sich trägt (vgl. das Merkmal „Trennung“ gegenüber dem Merkmal „Beschädigung“ in den anderen Wörtern).

Die Grammatik, auf dem morphologischen Gebiet des Wortes „zerlegen“, bringt also dem Übersetzer ein normiertes Wissen, das seine grammatisch bezogene Bildung ausmacht, die im Gedanken des Übersetzers als innere Sprache wirken soll. Dank dieses Wissens über das Präfix ist der Übersetzer imstande, gegebenenfalls die treffende Idee zur passenden Übersetzung (vgl. die pejorative Bedeutung des Wortes „zerlegbar“, abwertend auf einen Teil des Ganzen hinweisend) je nach dem Kontext auszuwählen. Das Suffix „-bar“, auf ein Adjektiv hinweisend, muss gleichermaßen der grammatisch mikrokulturellen Bildung des Übersetzers zugehören. Insgesamt fordert die Bedeutung des Wortes „ zerlegbar“, dass der Übersetzer die Teilbedeutung eines jeden Morphems sowie den Bedeutungszusammenhang zwischen Präfix, Wortstamm und Suffix grammatisch mikrokulturell nicht verkennt, und so kann er hier, in Bezug auf den Kontext der Mechanik, den Sinn des Wortes „zerlegbar“ mit dem Wort „démontable“ ins Französische passend übersetzen, wobei das Morphem „dé“ hier gleichermaßen pejorativ funktioniert und gleichermaßen den semantischen Zug „Trennung“ trägt“.

In der Übersetzung vom Deutschen ins Französische, bezüglich des Sinnes des Wortes „Eigelb“ im Satz „ Mit dem Eigelb kochst du jedesmal ein tolles Omelett beim Frühstücken“ muss der Übersetzer grammatisch mikrokulturell wissen, dass die passende Übersetzung ins Französische durch „jaune d’oeuf“ ein „morpho-grammatisches“ Wissen benötigt, und dass im Deutschen das Hauptwort im Kompositum am Wortende und nicht am Wortanfang steht, sonst wäre der Sinn des Wortes „Eigelb“ katastrophal durch „oeuf jaune“ übersetzt, was übrigens ein Widersinn wäre.

Die fehlerhafte Übersetzung des Sinnes des Wortes „quarante huit / 48“ im französischen Satz (j'ai *quarante huit ans*) durch „vierundachtzig / 84“ ins Deutsche würde genauso das gleiche Sinnwidrigkeitsproblem aufwerfen.

Solch ein Wissensträger, der theoretisch extra- sowie intralinguistisch einen Zugang zur Interdisziplinarität gefunden hat, ist auch Kulturträger, und dabei definiere ich Kultur teilweise[12]als vielseitiges theoretisches Wissen (ich sage „Wissen“ und nicht „Kenntnis“) zur Ergänzung und Erklärung der empirischen Sachkenntnisse.

Bestenfalls ist der Mensch als Kulturträger also Beides: ein potentieller empirischer Weiser aus Lebenserfahrung durch empirische Sachkenntnisse und ein Wissenschaftler aus wissensbezogener Bildung. Solch ein Mensch ist als allgemein gebildet zu betrachten.

Anders gesagt, benötigt der ideale Übersetzer empirisches Gefühl zur Kenntnis und den Verstand zum Wissen. Gefühl und Kenntnis sowie Verstand und Wissen sind jeweils untrennbar und weisen dem Übersetzer den relativ sicheren Gang zur Entdeckung und Übersetzung des ausgangssprachigen Sinnes. Soweit reicht die Gesamtbedeutung des Ausdrucks „Allgemeinbildung“.

Nun aber kann legitim die Frage gestellt werden, ob der Träger der Lebensweisheit in den schriftlosen Gesellschaften als Kultur bzw. Allgemeinbildungsträger

---

[12] Oben habe ich den Begriff Kultur schon teilweise pragmatisch bezogen definiert. Mit der vorliegenden Teildefinition, die die frühere ergänzt, bekomme ich eine Gesamtdefinition des Begriffs „Kultur“, eines Terminus, der letztendlich mit praktischen Kenntnissen und theoretischem Wissen zu tun hat.

gesehen werden kann, ob ihm daher die Fähigkeit zum Übersetzen anerkannt werden muss.

1.4- IST DER TRÄGER DER LEBENSWEISHEIT IN DEN SCHRIFTLOSEN GESELLSCHAFTEN AUCH KULTUR- BZW. ALLGEMEINBILDUNGSTRÄGER?

In den schriftlosen Gesellschaften wird oft über den Altvater berichtet, er sei ein Weisheitsträger[13] eher als ein Kulturträger. Grund dafür könnte sein, dass Schreibunfähigkeit Wissensmangel bedeutet, da solch ein ehrwürdiger Greis nicht imstande sei, sich die Welt logisch rationell aufgrund von seiner Weisheit zu erklären. Unwissenheit heißt aber nicht Wissenslosigkeit oder Logik- bzw. Vernunftmangel: solch ein Weisheitsträger verfügt zweifellos über die Ratio, nur kommt sein Gefühlsausdruck als anthropologische Wahl in den Vordergrund, wenn es darum geht, sich die Welt in Einklang mit der Natur zu erklären, und Finck schreibt in dieser Hinsicht sehr richtig:

Was die weltgeschichtliche Bedeutung der Semiten und Indogermanen geschaffen hat, ist der stark entwickelte Sinn für Kausalität. Die Frage nach den Ursachen der Erscheinungen ist es, die das gesamte Geistesleben der Semiten und Indogermanen bewegt, aber die Art der Antwort ist eine verschiedene. Je nachdem das Gefühl

---

13 „*Weisheit: Im Unterschied zur eher pragmatischen Klugheit und zu rein theoretischem Wissen, eine ideale menschliche Grundhaltung, die auf einer allgemeinen Lebenserfahrung und auf umfassenden Verstehen und Wissen im Ursprung, Sinn und Ziel des Lebens sowie um die letzten Dinge gegründet ist. Diese Grundhaltung hat ihre Bedeutung unmittelbar in der Lebenspraxis, lässt sich somit nicht allein durch rationale und logische Vernünftigkeit definieren*“, vgl. Brockhaus Enzyklopädie, Nr. 19, Mannheim, 1994, S. 714.

dominiert oder die Vorstellung; bei den Semiten wird sie zur Religion, bei den Indogermanen zur Philosophie[14].

Unter anderem weiß der Unwissende sicher etwas, nur entspricht das, was er weiß, nicht den logisch rationellen Maßstäben der Wissenschaft aus der Schriftkultur, wozu übrigens die Schreibfähigkeit und nicht die Schreibunfähigkeit gehört. Wenn aber der Weisheitsträger in den afrikanischen Dörfern z.B. kein schreibfähiger Wissensträger ist, verfügt er über ein Gedächtnis, welches, als „Kenntnisträger besonderer Art", Mündliches[15] beispielhaft treu trägt: das Beispiel von den Sängern ist in dieser Hinsicht etwas Nennenswertes, und ich zögere nicht einmal, den Kenntnisträger – hier den Sänger - als Kulturmenschen zu erklären, denn, wie ich argumentiert habe, kenntnisbezogene Kultur ist auch Kultur.

Da aber das Übersetzen eine schriftliche Angelegenheit ist, ist der nicht gelehrte schreibunfähige Weisheitsträger übersetzungsunfähig. Solch ein Weisheitsträger ist also nur teilweise kultiviert, da ihm die Schreibkompetenz, also die Schriftkultur trotz genügender Kenntnis mikrokulturell fehlt. Diese Kenntnis ohne sprachlich normierte Stütze zur Schreibfähigkeit entfaltet sich exakt in dem, was man Oralität bzw. Mündlichkeit nennt. Solch ein schriftsprachlich benachteiligter Weisheitsträger mit nur dem Gedächtnis (und nicht auch mit der Sprache) als Informationsspeicher ist exklusiv zum Dolmetschen fähig,

---

[14] F. N. Finck: *Sprache als Ausdruck der Weltanschauung*, In: ARENS Hans, id. S. 408.

[15] *Mündliches hat den Vorrang gegenüber Geschriebenem :* « Selon certains linguistes, comme R. Jakobson, l'expression orale, et par conséquent le discours, est le premier fait : l'écriture ne serait qu'un dérivé de l'oral *», vgl. R. Jakobson, zitiert nach Hali Noureddine : Fondements théoriques de traduction scientifique étude inspirée de linguistique contemporaine, Online-Artikel : Halitraductionfr.free.fr/coordonées_de_l'élément_ linguistique.htm, Seite am 1. 11. 2008 geöffnet.*

soweit er Fremdsprache und Muttersprache gut versteht und spricht. Als Gegenbeweis könnte der Gelehrte unter optimalen Bedingungen übersetzen, wenn er Beides wäre: Gelehrter und Weisheitsträger. Dabei würde seine innere mentale Sprache als Fragenwerkzeug zum Verständnis, Interpretieren und Übersetzen unter Leitung der Ratio optimal funktionieren.

Solch ein kulturell optimal ausgerüsteter Übersetzer kann ab und zu mit Unübersetztbarkeiten so konfrontiert werden, dass Fragen gestellt werden können, ob Allgemeinbildung beim Übersetzen so wirksam hilft, ob Allgemeinbildung am Licht der Unübersetztbarkeit eine Grenze gesetzt werden kann. A contrario argumentiert, ist Unübersetztbarkeit Zeichen, bzw. Beweisstück für Mangel an Allgemeinbildung?

1.5- ALLGEMEINBILDUNG UND UNÜBERSETZTBARKEIT

Der beste Übersetzer mit der umfassendsten Allgemeinbildung kann auf Unübersetztbarkeit stoßen, bloß weil in einem zu übersetzenden Text Kulturzüge unzugänglich sind. Mit Schriftstellern, die weltweit der fremdartigen Kultur des Kolonialisten widerstehen wollen, haben wir, zum widerstandsbezogenen Schutz[16] eigener Sprache, heimlich versteckte Kulturangaben in deren Schriften, am Beispiel von Ngugi wa Thiong'o, Chinua Achebe und Salman Rushdie, wie S. Rao (2007) schreibt :

Sous une forme moins tragique, l'intraduisibilité peut être un moyen de fonder une intimité particulière entre écrivain et lecteur bilingues et, ce faisant, d'exclure le représentant de la culture monolingue. L'absence

---

[16] Wohlbekannt ist, dass Sprache Kulturzüge in sich trägt. Sprachschutz heißt also notwendigerweise Kulturschutz.

d'information relative aux contextes culturels d'énonciation ou bien le maintien de termes cryptés en langue maternelle sont autant de moyens de soustraire partiellement le texte au regard de la maîtrise, de ménager pour ainsi dire des « cachettes » dans le maquis du texte. Déjà dans « A grain of Wheat »[17], N. wa Thiong'o introduisait bon nombre de termes en gikuyu sans prendre la peine de les expliquer ou bien de les contextualiser. Sous des formes plus ou moins exacerbées, on retrouve cette stratégie chez bon nombre d'écrivains post-coloniaux, à commencer par C. Achebe et S. Rushdie.

Unter solchen Umständen ist die Überbrückung von Ausgangssprache (mit im „Textgebüsch" versteckten Wortsinnen wie S. Rao es erfolgreich bildhaft, wie oben erwähnt, ausdrückt) zur Zielsprache nicht mehr möglich. Die Widerstandsbewegung zum Sprachschutz stellt dem Übersetzer, durch rätselhafte heimisch kodifizierte Lokalbegriffe, einige Kulturangaben nicht zur Verfügung. Solche Angaben, die der beste Übersetzer trotz seiner umfassenden Allgemeinbildung nicht übersetzen kann, zeigen uns genug, wie die Wirksamkeit der Allgemeinbildung an Unübersetztbarkeiten so grenzt, dass die Kulturproblematik in Übersetzungsangelegenheiten unverändert ins Spiel kommt. Genauso wie die absolute Wahrheit als unzugänglich konzipiert ist, liegt dem Begriff „Allgemeinbildung" das Hauptmerkmal „unerschöpflich" zugrunde, eine Allgemeinbildung, die tagtäglich ergänzt werden soll.

Mehr als die Anderen soll der Übersetzer den langen Kulturweg sowieso am weitesten gehen, damit Unübersetztbarkeiten, wenn nicht absolut vermeidbar, mindestens in geringem Maße vorkommen.

---

[17] Die Anführungszeichen in diesem Zitat von mir selbst gesetzt.

Die Allgegenwärtigkeit der Kultur bzw. der Allgemeinbildung im Übersetzungsprozess stellt eine andere Frage, die der Übernahme der Kultur durch die fragende innere Sprache.

1.6- ALLGEMEINBILDUNG UND INNERE SPRACHE

Hier behandle ich zunächst theoretisch die Allgemeinbildung in Zusammenhang mit der inneren Sprache, dann wird die Notwendigkeit der Allgemeinbildung durch eine mangelhafte Übersetzung eines Studenten im Lichte einer Textanalyse überprüft.

1.6.1- Allgemeinbildung und innere Sprache: theoretische Erwägungen

Das lautliche Sprechen ist nicht ohne „stilles" Verständnis[18] der Sprechsituation denkbar, denn beim Menschen setzt Sprache immer intuitiv einen kognitiven Prozess seitens des Sprechers und des Hörers in Gang. Beim Versuch, einen Text kontextuell und situativ zu verstehen, funktioniert der Gedanke des Menschen nach einem kognitiven Maßstab, indem lautlos kognitiv im Gedanken „gesprochen" wird. Genau diese lautlose Sprache im menschlichen Gedanken wird innere Sprache[19]

---

[18] Eine morphologische Analyse weist darauf hin, dass das französische Wort « compréhension » die semantischen Züge « fangen » (« préhension ») und « sammeln » (vgl. « com- » als Vorsilbe) mit in sich einbezieht : « *Or la compréhension d'un sens (ou d'une valeur) relève d'une saisie (préhension) qui accueille et qui rassemble* », vgl. Encyklopaedia universalis, Nr. 10 (1988 : 50).

[19] F. Rastier sagt, dass „*die Theorie der inneren Sprache" mindestens auf Platon zurück geht : « La théorie du langage intérieur remonte au moins à Platon, et les stoïciens ont clairement distingué le langage extérieur (Logos prophorikos) du langage intérieur (logos endiathétos)* " vgl. F. Rastier (1991 : 78).

genannt, die im Vorfeld des Übersetzungsakts, entweder beim analytischen Verständnis zur Sinnfreilegung bzw. Sinnermittlung oder bei ausgangssprachig bezogenem Interpretationsvorgang zum Sinnausdruck in Gang gesetzt wird: jede Übersetzung ist eine Überlegungsgelegenheit zur Lösung eines Übersetzungsproblems, und deshalb werden Fragen gestellt, die von Verständnisfragen (im Ausgangstext) zu zielsprachig bezogenen Übersetzungsfragen über Interpretationsfragen die innere bzw. mentale Sprache betreffen, es sei denn, dass der Übersetzer gefühlsmäßig verfährt und somit die innere Sprache nicht mehr mittelbar verwendet. Wenn es geschieht, - wenn auch selten - dass dieses Gefühl keinen unmittelbaren Zugang zur Entdeckung des Wortsinnes ermöglicht, heißt das hier, dass man auf ein relativ schwieriges Wort stößt. Da der Übersetzer übersetzen muss, wird ein fragender kognitiver Prozess[20] zum Verständnis, dann zum Interpretieren sowie zum Vor-Übersetzen (mental) sofort in Gang gebracht. Dass man dieses Kognitive in der inneren Sprache wirken lässt, heißt im Übersetzungsprozess, die besprochene Allgemeinbildung zu befragen, damit z.B. der Sinn, angesichts des ausgangssprachigen Wortkontextes, durch

[20] Dieser kognitive Prozess findet in der Tat schon beim Textlesen in einer Explorationsphase statt. Nur kann man nicht lesen und zu demselben Zeitpunkt, zum Verständnis des Textes, kognitiv fragen, ohne den Lesestrom beträchtlich zu stören, und daher das erzielte Textverständnis zu gefährden. Deshalb wird gelesen und erst dann praktisch gefragt. Das Lesen funktioniert in der Tat als eine verhaltensbezogene Antwort auf einen Stimulus, den die Wörter des Ausgangstextes vertreten. Beim Lesen funktioniert die Kognition, wie mir scheint, eher zum Erkennen linguistischer Einheiten als Bestandteil ausgangssprachigen Wortschatzes, solche Einheiten, die normalerweise in kohärenten grammatisch korrekten Sätzen vorliegen.

eine passende Interpretation der Wortbedeutung ausgedrückt wird.

Dafür benötigt aber der Übersetzer, wie schon argumentiert, eine Allgemeinbildung. Genau die Gesamtheit der Kenntnisse und des Wissens, die die Allgemeinbildung des Übersetzers ausmachen, rufen die „stille“ innere Sprache bei einer Übersetzungsschwierigkeit hervor, wobei die genannten Kenntnisse und das Wissen als kultureller Vorrat erfolgreich oder nicht durch gezielte mentale Fragen funktionieren. Kenntnisse und Wissen als Allgemeinbildungsparameter sind auch Parameter der inneren Sprache im Bereich der Zielsprache bei Übersetzungsfragen.

Wenn zur erfolgreichen Übersetzung das tatsächliche Vorhandensein der Allgemeinbildung durch Kenntnis und Wissen benötigt wird, soll jedoch diese Bildung quantitativ und qualitativ vorliegen.

Nun aber ist der Übersetzer immer Verwahrer einer subjektiven Kultur und benötigt eine gleichartig subjektive innere Sprache als Merkmal seiner Individualität. Deshalb wird auch stets ausgangssprachig subjektiv verstanden und interpretiert sowie zielsprachig subjektiv übersetzt, sonst gäbe es für jeden Text ein abgestempeltes Übersetzungsmodell, was nicht denkbar wäre.

So entfaltet sich die fragende innere Sprache im Vorfeld des Übersetzungsakts, eine intensive Überlegung in einer oft nicht linearen Hin- und Her- Denkbewegung. Das Resultat dieser Bewegung kann nur eine umfassende Mikro- und Makrokultur garantieren, sonst kommt Verzweiflung aus einem erfolglosen Befragen der sogenannten Allgemeinbildung.

Natürlich kann die innere Sprache sogar irreführend wirken, wenn Mikro- sowie Makrokultur qualitativ sowie quantitativ mangelhaft vorliegen.

Nicht zu übersehen ist, dass schon am Anfang des Übersetzungsprozesses, mit dem Lesen des Ausgangstextes, Allgemeinbildung mit im Spiel ist, denn gut lesen kann nur derjenige, der eine Menge von ausgangssprachigen Wörtern kennt und sich in der syntaktischen Normierung jener Wörter gründlich auskennt: Grammatik gebrauchen, habe ich erklärt, ist eine intralinguistische, mikrokulturelle Angabe, die sich in dem Übersetzungsakt äußert, denn man muss dabei die zielsprachigen grammatischen Regeln kennen, was uns eine grammatisch bezogene Kulturbasis im engeren Sinne verschafft.

Wenn bei ausgangssprachigem Lesen sowie bei zielsprachigem Schreiben der Übersetzer grammatisch mikrokulturell kompetent sein soll, muss er auch im Bereich der Semantik makrokulturell ausgerüstet sein, was ihm eine ausgangssprachige Kompetenz zur Sinnermittlung und zum Sinnausdruck sowie eine zielsprachige Kompetenz zum Sinnwiederausdruck geben.

Vom Lesen in der Ausgangssprache zum Schreiben in der Zielsprache über unterschiedliche Verständnis-, Interpretations- und Übersetzungsfragen mittels einer fragenden inneren Sprache ist die Allgemeinbildung also allgegenwärtig.

Eines ist sicher, und zwar, dass die aus der Allgemeinbildung quellende fragende innere Sprache den Weg des unmittelbaren Sprachgefühls nicht gehen kann, bloß weil der Verstand, angesichts der getroffenen Übersetzungsschwierigkeit, fragen soll; und fragen sollen heißt einen wirkenden kognitiven, also gefühlsfremden Prozess zielgemäß funktionieren lassen.

Es muss jetzt aber klargestellt werden, dass das Verständnis an die Interpretation von ausgangssprachiger Wortbedeutung grenzt, und nur die innere Sprache als Fragenkonstellation benötigt ausgangssprachig bezogene Verständnis- und Interpretationsfragen einerseits und zielsprachige Übersetzungsfragen andererseits. So fungiert der Ausdruck „innere Sprache“ als Oberausdruck für Verständnis- Interpretations- sowie Übersetzungsfragen.

Streng linguistisch analysiert wird im Folgenden eine studentische Übersetzung, um zu zeigen, wie Allgemeinbildung und Übersetzung „zusammenklingen.“

1.6.2- Die Notwendigkeit der Allgemeinbildung am Beispiel von studentischer Übersetzung

Legen wir folgenden Text zugrunde:

Friede ist nirgends

Die tödlichen Schüsse auf Olof Palme künden eine traurige Wahrheit: es gibt keine Insel der Seligen mehr. Die Kugel von Dallas, die John F. Kennedy niederstreckte, der Mord an Aldo Moro in Rom, *die Bombe von Brighton, die Margaret Thatcher* ***galt***[21], jetzt das Kupfermantelgeschoß, das den schwedischen Ministerpräsidenten auf offener Straße traf- sie belegen, dass Sicherheit nirgendwo verbürgt ist[22].

---

21 Zur Hervorhebung des Satzes zwecks der Analyse, von mir kursiv geschrieben

22 Zeitungsauszug aus : Vocable. L’allemand d’aujourd’hui, Nr. 32, 27 (1986 : 2).

1994 habe ich im Rahmen einer pädagogischen Übersetzung[23]vom Deutschen ins Französische mit Studenten des ersten Jahrgangs der Deutschabteilung (Universität Abidjan-Cocody) mit großer Überraschung festgestellt, dass der Satz *„die Bombe von Brighton, die Margaret Thatcher galt"* von der überwiegenden Mehrheit der Studenten wie folgt ins Französische übersetzt wurde:

„La bombe de Brighton qui ***tua*** Margaret Thatcher"

Die vorliegende Übersetzung ist mit einem schweren Sinnfehler beim Wort „tua" („tötete") behaftet. Genauer gesagt ist dieser Sinnfehler eine Sinnwidrigkeit. Die passende Übersetzung könnte so lauten:

„ La bombe de Brighton qui fut ***destinée*** à Margaret Thatcher"

Solch einen Fehler nenne ich theoretisch einen rationalen Fehler. Grund dafür, warum hier vom rationalen Fehler gesprochen wird, liegt einerseits daran, dass das Wort „gelten" im Sinne von *„bestimmt für*" den Studenten vermutlich so fremd[24] ist, dass dieses Wort von ihnen als „schwieriges Wort" betrachtet werden kann und somit einer fehlerhaften Übersetzung logischerweise zugrunde liegen kann. Andererseits kommt hier vor, dass in dem zu übersetzenden Text der Begriff „Mord" kontextuell so

---

[23] M. Lederer bringt uns bei, dass der Ausdruck « Pädagogische Übersetzung » von J. Delisle kommt: «*Le terme de traduction s'utilise dans l'enseignement des langues. J. Delisle le précise en créant l'expression « traduction pédagogique » c'est-à-dire « l'utilisation d'exercices scolaires de traduction visant à faire acquérir une langue étrangère » et oppose cette traduction pédagogique à la pédagogie de la traduction, c'est-à-dire « à la formation de traducteurs professionnels s'adressant à des candidats qui sont censés au départ avoir une bonne connaissance des langues* », vgl. S.T. Agildere: Online-Artikel, idem.

[24] Ihnen nicht fremd ist wahrscheinlich der Sinn „Gültigkeit", den sie hier durch ihre Übersetzungen, wegen des „irreführenden" Mordkontextes nicht aktualisieren konnten.

allgegenwärtig ist, dass die fehlerhafte Übersetzung von „galt“ durch „tua“ (auf Deutsch „tötete“) vom Dozenten bei der Verbesserung logisch erwartet werden kann. Semantische Analogien sowie formaler Parallelismus können hier logisch irreführend wirken: Margaret Thatcher (als englische Ministerpräsidentin) sowie die anderen Figuren des Textes (Olof Palme; John F. Kennedy; Aldo Moro) sind wohlbekannte politische Persönlichkeiten. Wenn die letztgenannten Persönlichkeiten (Olof Palme; John F. Kennedy; Aldo Moro) auf tragische Weise kriminell getötet worden sind, ist es auch logisch - wenn auch dies der Realität nicht treu ist- dass Margaret Thatcher im vorliegenden Text getötet wird, und so aufgefasst kann der Student „psycho-logisch“ Margaret Thatcher durch seine Übersetzung töten, also den Mordkontext fehlerhaft aktualisieren. Solchen Studenten, die sinnwidrig übersetzt haben, mangelt es zweifellos an landeskundlichen Informationen, ein Zeichen für mangelnde Allgemeinbildung, denn Thatcher ist nicht getötet worden. Klar darstellen kann man diese fehlerhafte Übersetzung logisch argumentativ wie folgt durch den Syllogismus von Aristoteles[25]:

Prämisse 1

Alle im Text erwähnten politischen Persönlichkeiten sind ermordet worden

Prämisse 2: (Beispiel, besonderer Fall):

Margaret Thatcher ist im Text eine politische Persönlichkeit

Schluss:

So ist sie (notwendigerweise) ermordet worden.

---

[25] Aristoteles definiert den Begriff Syllogismus folgendermaßen: „ Ein Syllogismus ist aus drei Aussagen gebildet, wobei die letzte Aussage, die Konklusion, aus den beiden Prämissen notwendig folgt“, zitiert nach E. Eggs (1984: 205).

Dass der Text durch den Begriff „Mord“ semantisch saturiert ist, wird durch Adjektiv, Nomen, sowie Verb folgenderweise illustriert:

(1) „*tödlich*“ (Adjektiv) // **„Schüsse“**

„Die tödlichen Schüsse auf Olof Palme[26]“.

(2) „*niederstrecken*“ (Verb) // **„Kugel“**

„Die Kugel von Dallas, die John F. Kennedy niederstreckte“.

3) „*Mord*“(Nomen)

„Der Mord an Aldo Moro in Rom“.

(4) „*treffen*“(Verb)// **„Kupfermantelgeschoß“**

Das Kupfermantelgeschoß, das den schwedischen Ministerpräsidenten auf offener Straße *traf.*

Genauso semantisch gehört das Wort „galt“ in die oben erwähnte Serie, tritt also in der Reihenfolge solcher verhängnisvoller Wörter auf, die mit dem Denotat bzw. Objekt „Mord“ assoziiert sind:

(1) „*tödlich*“ (Adjektiv) // **„Schüsse“**

„Die tödlichen **Schüsse auf Olof Palme“.**

(2) „*niederstrecken*“ (Verb) // **„Kugel“**

„Die Kugel von Dallas, die John F. Kennedy niederstreckte**“.**

(3) „*Mord*“ (Nomen)

„Der Mord **an Aldo Moro in Rom“.**

(4) „*treffen*“ (Verb) //**„Kupfermantelgeschoß“**

[26] Olof Palme ist genau der schwedische Ministerpräsident, von dem im Text gesprochen wird.

„Das Kupfermantelgeschoß, das den schwedischen Ministerpräsidenten auf offener Straße traf**".**

(5) „*galt*" (Verb)

Die Bombe von Brighton, die Margaret Thatcher *galt.*

Der Parallelismus des verhängnisvollen Hintergrunds wird mit dem Paradigma der lexikalischen Einheit „*niederstrecken*" am Beispiel von folgender Weglassprobe besser gezeigt:

Die Bombe von Brighton, die Margaret Thatcher *niederstreckte*

Die Bombe von Brighton, die Margaret Thatcher *galt*

Dazu kommen syntaktische Gleichartigkeiten, die serienmäßig auf die Angriffswaffe, den Tatort bzw. den Ort des Mordversuchs, die Zielpersönlichkeit hinweisen:

ANGRIFFSWAFFE	TATORT	ZIELPERSÖNLICHKEITEN
Kugel	**Dallas**	**John F. Kennedy**
Schüsse	**(Aktualität: vgl. am Textende das Wort „jetzt" in Bezug auf den Mord an Olof Palme. Implizit vorliegend: Schweden)**	**Olof Palme**
(Fehlend)	**Rom**	**Aldo Moro**
Kupfermantel-geschoß	**Schweden**	**Ministerpräsident**
Bombe	**Brighton**	**Margaret Thatcher**

Die nähere sowie die weitere Umgebung des Wortes „galt" suggeriert also irreführend, gemäß des Kontextes, die hier analysierte fehlerhafte Übersetzung ins Französische. Genau hier hätte aber die extralinguistische makrokulturelle Angabe diese logisch aufgebaute Aufzählung verhängnisvoller politischer Ereignisse durch eine passende Reflexbewegung übersetzungsmäßig kontextual nicht gelten lassen: so könnte vermieden werden, dass der Übersetzer dem Wort „galt" den Sinn „Mord" ausgangssprachig interpretativ zuschreibt und letztendlich diesen Sinn ins Französische durch „tua" fehlerhaft übersetzt, denn Margaret Thatcher ist, wie oben angeführt, noch am Leben![27]

So belegt die vorgenommene Analyse die Notwendigkeit der Allgemeinbildung in Übersetzungsangelegenheiten.

[27] Heute haben wir Dienstag, den 03. März 2009, 15 Uhr. Ich bin dabei, die vorliegenden Zeilen zu schreiben und habe zu diesem Zeitpunkt vom Tod M. Thatchers nicht Kenntnis erhalten.

ZWISCHENFAZIT

Linguistisch theoretische Betrachtungen sind hier durch die Ergebnisse von Fehleranalysen auf der Basis von übersetzungsbezogenen studentischen Übungen bekräftigt worden. Durch diese Analysen erweist sich die Allgemeinbildung als eine Notwendigkeit, die den ganzen Prozess der Übersetzung vom Lesen des Ausgangstextes bis zum Übersetzungsakt im Zieltext durchströmt, wobei die fragende innere Sprache unter optimalen Bedingungen erfolgreich mitwirkt. Die besprochenen Ergebnisse sollten konsequent dazu beitragen, dass beispielsweise der Unterricht in Germanistikabteilungen und nicht in Deutschabteilungen erteilt wird. Ein Problem der Terminologie ist es! Grund dafür ist, dass der Begriff „Germanistik“ im Vergleich zum Begriff „Deutsch“ linguistisch terminologisch als Oberbegriff fungiert und somit die Begriffe „Sprache“, „Literatur“ sowie „Landeskunde“ vom germanischen Volk umfasst, während der Begriff „Deutsch“ einschränkend auf die Sprache hinweist. In dieser integrativen Auffassung des Unterrichts sollte im Fachbereich Sprache der Akzent auf weite Felder der Grammatik gelegt werden, damit die akademisch beigebrachte Bildung, formal grammatisch gesehen, auf klaren Stützpunkten basiert. So konzipiert, könnte der Student im Bereich der pädagogischen Übersetzung[28] wirksam übersetzen, dadurch, dass sich der passende Sinn in der Zielsprache durch grammatisch korrekte deutsche Einheiten „still“ entfalten würde.

[28] Hauptsächlich in der Übersetzung vom Französischen ins Deutsche.

Auch soll, zum Kommunikationszweck, die heutige globalisierte Welt dazu führen, dass sie jedem Bürger im alltäglichen Leben sowie in der Schule die Allgemeinbildung und nicht die Hochspezialisierung beibringt. So wird solch ein Bürger, insofern er außerdem mehrsprachig ist, zugleich potentieller wirksamer Übersetzter als auch potentieller Rezipient von Übersetzungen, und so könnte ihm der Arbeitsmarkt über die Sprach- und Staatsgrenzen hinaus weit geöffnet werden.

Dies ist ein Ziel, an das der Besitz der Allgemeinbildung kommenlässt. Das Erreichen dieses Ziels ist aber ohne die theoretische Konzipierung der Übersetzung denkbar. Anders gesagt, wie soll theoretisch übersetzt werden? Der in den nachkommenden Zeilen theoretisch beschriebene Verlauf der Übersetzung gibt uns Aufschluss darüber.

KAPITEL 2

THEORETISCHER VERLAUF DER ÜBERSETZUNG

Wegen der unterschiedlichen formalen Ausprägung der Sprache könnten der Ausgangs- und Zieltext nicht identisch schlechthin sein, sondern bestenfalls funktionsidentisch. Dies erfordere die Beachtung bestimmter Prioritäten beim Übersetzen, vor allem: Kontextuelle und dynamische Übereinstimmung sind wichtiger als wörtliche und formale Übereinstimmung; und die Berücksichtigung der Kultur der zielsprachigen Adressaten ist wichtiger als die Imitation der ausgangssprachigen Kultur. (Auch in dieser Hinsicht kann man Nida als Vordenker der späteren funktionalen Translatologie bezeichnen."[29]

Kommunizieren heißt, einem Zuhörer eine Botschaft mittels eines Sprachkanals - hier der Schrift- übermitteln, was der Textschreiber durch sein Schreiben macht, indem er dem potentiellen Textleser eine Botschaft übermittelt. Beim Übersetzen arbeitet der Übersetzer, gemäß seinem Status, als Vermittler zwischen dem Textschreiber und dem Textleser: Er soll deshalb, über die Sprachgrenze hinaus, den Textschreiber nicht verraten und zugleich sicherstellen, dass dieser vom Textleser verstanden wird, also eine verständliche, nicht verfälschte Botschaft in der Zielsprache garantieren. So lautet, in der vielsprachigen

[29] U. Kautz: Handbuch Didaktik des Übersetzens und Dolmetschens, Iudicium Verlag und Goethe Institut, München, 2002, S. 36. U. Kautz kommentiert hier die Empfängerorientierte „dynamic equivalence" von Nida.

Welt, die heikle Aufgabe des Übersetzers, dessen Aktivität seit grauer Vorzeit die zwischenmenschlichen Beziehungen durch die zwischenzeitlich erfundene Schrift reguliert. Die hier zu besprechenden Fragen lassen sich folgendermaßen formulieren: „Wie soll man übersetzen, ausgangssprachig oder zielsprachig bezogen?". Wie kann der theoretische Verlauf der Übersetzung beschrieben werden? Diese Fragen präzise zu beantworten, heißt in der sprachwissenschaftlichen Debatte, eine Stellung zu beziehen und diese Position zu rechtfertigen. Das pragmatisch bezogene Übersetzen, für das ich plädiere, ist unter anderem ein Vorschlag, den ich erläutern werde, nachdem ich ein Wort über die Theorien des Übersetzens gesagt habe. Letztendlich beschreibe ich einen theoretisch idealen Verlauf eines Modells zum Übersetzen im Lichte der Frage-Antwort-Theorie, die ich hier bahnbrechend vorschlage.

2.1- Ein Wort über die Theorie des Übersetzens

Über das Verständnis des Übersetzens wird in der zeitgemäßen Literatur im Bereich der Linguistik theoretisch heiß diskutiert. Auf der Suche nach einem Modell des Übersetzens haben die Linguisten das Kommunikationsmodell der Kybernetik (vgl. „Input" gegenüber „Ausput"; „Kodierung" gegenüber „Dekodierung") sowie das mathematische Modell der Mengenlehre nachahmen wollen, wobei die gebrauchten bi-nominalen Termini[30] „Ausgangsmenge" (vgl. Ausgangssprache) und „Zielmenge" (vgl. Zielsprache), sowie der Terminus „Äquivalenz" allzu formal vorkommen und deshalb eine zutiefst menschliche

[30] Diese bi-nominalen Termini werden in dieser Arbeit zu großer Bequemlichkeit trotzdem von mir gebraucht.

Aktivität wie das Übersetzen nur unbefriedigend ausdrücken können. Scharfe Kritik daran habe ich in meinem Artikel *« De l'origine de la traduction mot à mot : l'hypothèse du formalisme systémique des oppositions binaires au sein des théories linguistiques »*[31] geübt, dadurch, dass wir bei solchen Modellen eines doppelseitigen Typs den Eindruck haben, dass ausgangssprachiges Wortgut bloß automatisch formal durch einen Äquivalenzbezug über die Sprachgrenze hinaus in die Zielsprache wiedergegeben wird, was übrigens die Benennung „Übersetzung" durch die Partikel „über" irreführend stigmatisiert. Über dieses formale Problem hinaus, das die Terminologie angeht und dessen Ursprung im Drang nach dem Finden eines Modells vorliegt, wird eigentlich die Frage gestellt, wie man beim Übersetzen verfahren soll, damit treu übersetzt wird. Ausgangstextbezogen oder zieltextbezogen? Dieses linguistische Problem, das in der Linguistendebatte häufig vorkommt, fasst U. Kautz folgenderweise zusammen:

Das gemeinsame Unterscheidungskriterium aller dieser Begriffspaare ist das Verhältnis zwischen Ausgangs-und Zieltext: will der Übersetzer im Zieltext den Ausgangstext mehr oder minder getreulich abbilden? Oder ist ihm die intendierte Funktion des Zieltextes für den Adressaten am wichtigsten?[32]

J. R. Ladmiral sagt nichts anderes, wenn er zwei Gruppen von Theoretikern unterscheidet, und zwar einerseits „die Ausgangssprachtheoretiker", andererseits die „Zielsprachtheoretiker", worauf die Neologismen

---

[31] A. J. Kouamé : De l'origine de la traduction mot à mot : l'hypothèse du formalisme systémique des oppositions binaires au sein des théories linguistiques, in : En-quête, revue scientifique des lettres, arts et sciences humaines, Nr 12, EDUCI, Abidjan, 2004, S. 117-143.

[32] U. Kautz : idem. S. 58.

„sourciers“ (Ausgangssprachler) und „ciblistes“ (Zielsprachler) wie folgt verweisen:

Pour ce faire, ayant recours à deux néologismes, j'ai établi une opposition entre ceux que j'appelle les ***sourciers*** *et ceux que j'appelle les* ***ciblistes****. Pour aller vite, je dirai qu'il y a deux façons fondamentales de traduire : ceux que j'appelle les « sourciers » s'attachent au* ***signifiant*** *de la* ***langue,****et ils privilégient la langue-***source ;** *alors que ceux que j'appelle les « ciblistes » mettent l'accent, non pas sur le signifiant, ni même sur le signifié mais sur le* ***sens****, non pas de la langue mais de la* ***parole*** *ou du discours, qu'il s'agira de traduire en mettant en œuvre les moyens propres à la langue-***cible***. Parmi les « sourciers », je rangerai donc Walter Benjamin, Henri Meschonic ou Antoine Berman ; et parmi les « ciblistes », Georges Mounin, Efim Etkind et moi-même.*[33]

Wenn ich in dieser Debatte Stellung nehmen, also mich in eine der vorhergenannten Gruppen einreihen sollte, würde ich mich gerne für die „Zielsprachler“ entscheiden, denn Sprache ist meines Erachtens immer sozial kommunikativ bedingt, und diese Funktion soll sie auch in der Übersetzung erfüllen: man spricht nicht bloß vor sich hin, sondern in Bezug auf einen Zuhörer (hier den potentiellen Adressaten des zu übersetzenden Textes), eine zwingende Realität der menschlichen Sprache. Diese soziokommunikative Realität der Sprache beschreibe ich bahnbrechend als eine dynamische „zentrifugale[34] Orientierung“ der Sprache an einen Zuhörer, und dies gilt als Argumentationskraft zum Zeigen, warum Übersetzung als zielgerichtete Botschaft an den Leser (als Zuhörer

---

[33] J.R. Ladmiral : Traduire : théorème pour la traduction, Gallimard, Saint-Armand, 1994, S. XV (Vorwort).

[34] „*Auf der Wirkung der Zentrifugalkraft beruhend, vom Mittelpunkt wegstrebend*“, vgl. G. Wahrig: Wahrig deutsches Wörterbuch, Bertelsmann Lexikonverlag, Gütersloh, 1971, S. 4089.

betrachtet), von Natur aus, der „zentrifugalen Orientierung" der Sprache treu[35] folgend, nichts anders tun kann, als Zielsprachiges vor allem zu betrachten. Gegenüber diesem Postulat erscheint die Gegenargumentation der Ausgangssprachler als eine unvertretbare Argumentation, die der Natur der Sprache – wie oben beschrieben – zweifellos fremd ist. Gemäß ihrer Argumentation sei das Ziel der Sprache die Sprache selbst. Dabei werde konsequent die „dynamische zentrifugale Orientierung der Sprache" negiert, da das Übersetzen hier keinen kommunikativen, also keinen sozialen Hintergrund habe. In dieser Hinsicht würde aber bedauerlicherweise umsonst übersetzt, ohne darauf zu achten, ob das Übersetzte in der Fremdsprache verstanden wird oder nicht. Das Verständnisproblem wäre hier in der Sprache sowie im Bereich des Übersetzens seltsamerweise Nebensache, und so etwas geht über meinen menschlichen Verstand. Die Position der Ausgangssprachler, die Sprache und nicht die „Parole" möglichst treu zu übersetzen, kann nicht erfolgreich vertreten werden, denn alle Linguisten sind sich derzeit darüber einig, dass eine treue Übersetzung ohnehin erreichbar ist. Gleichfalls aktuell unbestritten in der Linguistendebatte ist die Tatsache, dass die Sprache erstrangig als Kommunikationswerkzeug funktioniert. Dieser „Treffpunkt Sprache als Kommunikationswerkzeug" sollte gleichermaßen in der Übersetzung vereinheitlichend wirken, indem die Linguisten einstimmig sagen würden, dass das Verständnisproblem auch seitens des Adressaten des Zieltextes als wichtig zu betrachten ist, soweit dieses Verständnis als Merkmal der Kommunikation fungiert. Nicht zu vergessen ist hier vor allem, dass der Übersetzer

[35] Da die Treue in der Übersetzung nicht erzielbar ist, soll in diesem Buch, jedesmal wenn von Treue die Rede ist, dieses Wort vom Leser in Anführungszeichen gesetzt werden.

als Botschaftsvermittler pädagogisch verfahren soll, indem er zielsprachig bezogen dieses Verständnisproblem in den Vordergrund stellt.

Was den Textschreiber angeht, schreibt er nicht für sich selbst. Er schreibt mit verständnisbezogener kommunikativer Absicht[36], weil ein potentieller Leser da ist, der das Geschriebene lesen und verstehen soll. Mit kommunikativer Absicht sollte also, meines Erachtens, der Übersetzer gleichermaßen übersetzen.

Ob man ausgangssprachig schreibt oder zielsprachig übersetzt, ist der Leser als Adressat die Hauptfigur auf dem Schachbrett der „kommunikativen Sprache“. Bei der Übersetzung soll sich der Übersetzer diesen Parameter näher betrachten, denn was heißt mit kommunikativer Absicht übersetzen, wenn der Leser der Übersetzung überhaupt nichts versteht? Wozu müssen die vielseitigen Forderungen der Ausgangssprache betrachtet werden, wozu muss also in dieser Hinsicht übersetzt werden, wenn die übermittelte Botschaft nicht verstanden werden kann, bloß, weil die Realitäten der Zielsprache als Nebensachen betrachtet werden? Und was heißt „die Ausgangssprache treu übersetzen“ denn, mir scheint, der menschliche Gedanke des Ausgangstextschreibers kann sich nicht ganzteilig bzw. treu durch die formale Schrift entfalten: der Gedanke ist ohne Zweifel mehr als die Schrift, die diesen Gedanken alphabetisch symbolisch einschränkend durch die Sprache ausdrückt. Was die Ausgangssprachler treu übersetzen wollen, liegt in der Tat als Schrift - gegenüber dem Gedanken, aus dem diese Schrift entsteht- defekt vor. Daraus folgt die Frage: warum soll man die

---

36 M. Lederer sagt, dass der geschriebene Text auf den Leser zielt: « *le texte écrit se veut pourtant lui aussi un acte de communication : rédigé par un auteur, il vise des lecteurs* », vgl. M. Lederer : La traduction aujourd'hui. Le modèle interprétatif, Hachette, 1994, Paris, S. 18.

defekte ausgangssprachige „Gedankenschrift“ so „verehren“, dass sie im Bereich der Übersetzung „treu“ übersetzt werden soll?

Diese Hierarchie[37] zwischen Gedanke und Schrift ist der Aufmerksamkeit von M. Black sicher nicht entgangen, wenn er schreibt:

„Sprache beschränkt den Ausdruck von Gedanken am deutlichsten durch den Bereich dessen, was als der jeweils zur Verfügung stehende Wortschatz bezeichnet werden kann, nämlich das Inventar von Wörtern und Redewendungen...“[38]

Können beispielsweise die im Gedanken des Ausgangstextschreibers tief liegenden Gefühle ohne einen minderen Verlust in der Zielsprache vom Übersetzer wieder ausgedrückt werden? Hier stelle ich ganz klar fest, dass die sakralisierte Ausgangssprache von Natur aus, dem Gedanken des Textschreibers gegenüber, nur mangelhaft vorliegt! Die Sprache - hier die Ausgangssprache - als mangelhaft vorliegende Angabe kann logischerweise nicht als Referenz gelten, wenn es um Übersetzung geht! Die Referenz sollte die im Text verborgene Idee, der im Text „stillschweigende“ umfassende Gedanke des Textschreibers selbst sein, soweit der gute Übersetzer diese Idee bzw. diesen Gedanken durch kontextuelle und situative Betrachtungen herausgefunden und verstanden hat, denn *„die Treue zum « Heiligen Original » wird allerdings bei der wörtlichen Übersetzung nicht konsequent durchgehalten“*[39], wie U. Kautz meisterhaft

---

[37] *„Gedanken sollen "vor" den Wörtern existieren, die ihnen eine Ausdrucksform verleihen“*, vgl. M. Black : Sprache. Eine Einführung in die Linguistik, Wilhelm Fink Verlag, München, 1973, S. 96.

[38] M. Black: idem., S. 100.

[39] U. Kautz: ebenda, *S*. 59.

und bildhaft zu Gunsten der Zielsprachler[40] sagt. Die vom Übersetzer verstandene Idee sollte aber nicht statisch in seinem Gedanken bleiben. Kraft der „zentrifugalen Orientierung" der Sprache sollte er diese Idee wiederum in der Zielsprache letztendlich verständlich machen, eine Meinung, die M. Lederer auch vertritt:

*«Pour traduire, comprendre soi-même ne suffit pas, il faut **faire comprendre.** L'opération traduisante se scinde par définition en deux parties, celle de l'appréhension du sens, et celle de son expression »*[41].

Dieses zielsprachig bedingte „Verständlich-Machen" ist hier eben ein pragmatischer Übersetzungsakt, womit intendiert wird, ausgangssprachigen Sinn über die Sprachgrenze hinaus, gemäß adaptierten zielsprachigen soziolinguistischen Realitäten, so treu wie möglich in die Zielsprache zu übermitteln. Dieses Motto führt uns letztendlich dazu, für eine pragmatische Übersetzung zu plädieren, denn Übersetzung ist zugleich eine Kommunikationsaktivität durch eine kommunikativ handelnde Sprache. In diesem Rahmen, meint J. House Folgendes:

In der Pragmatik als sprachverwendungsorientierter Linguistik werden... die Bedingungen des Gebrauchs von Sprache in Situationen und in der ganzheitlichen Erfahrung von Sprachbenutzern untersucht. Pragmatische, d.h. also situations- und gebrauchsorientierte Sprachtheorien, sind besonders

---

[40] „Die Übersetzung müsse nicht an der Treue zum Ausgangstext, sondern an der Funktionsadäquatheit des Zieltextes gemessen werden (was ja auch bei Nida schon angelegt und von Hönig / Kußmaul sowie den Vertretern der Deskriptive Translation Studies thematisiert und von den „Pragmatikern" der leipzigerschule vorweggenommen worden war)*", vgl. U. Kautz, ebenda, S. 39. Kautz erzählt hier die Skopostheorie von Reiss und Vermeer.*

[41] M. Lederer : Interpréter pour traduire, Didier, Paris, 1986, S. 31.

relevant für Theorien des Übersetzens als einer zuvörderst praktischen Tätigkeit, in der es ganz konkret um Akte des Sprachgebrauchs, um Vorkommnisse von verallgemeinbarer, konventionalisierter Parole und (eher individueller, psycholinguistisch konzipierter)Performance geht. Diese Sichtweise des Übersetzens wurde insbesondere in den Arbeiten der Leipziger Schule (und hier insbes. durch A. Neubert) vertreten.[42]

Meine pragmatische Stellung, eine pragmatische Übersetzung zu fördern, ist also nicht isoliert. In der Übersetzungswissenschaft kann man sogar von einer „pragmatischen Wende" seit der Sprechakttheorie sprechen, wie U. Kautz sagt:

Von der sich entwickelnden Sprechakttheorie profitierend, die ja neue Erkenntnisse über das Verhältnis kommunikative Funktion/sprachliche Form brachte, ging damit auch im Bereich der Übersetzungswissenschaft eine „pragmatische Wende" einher: Neben den sprachlichen und textuellen Faktoren wurden nun auch der Textverfasser, der Übersetzer und der Textadressat in die Betrachtung einbezogen.[43]

Es geht hier also darum, diese Wende durch Argumente zu stützen und ihr ein langes Leben zu verheißen.

---

[42] U. Kautz: ebenda, *S.* 37., U. Kautz zitiert J. House: *Interkulturelle Pragmatik und Übersetzen*, in G. Wotjak, H. Schmidt (Hgg.): Modelle der Translation. Models of Translation. Festschrift für Albrecht Neubert, Frankfurt a. M. (Vervuert), 1977, S. 23.

[43] U. Kautz: ebenda, S. 37.

2.2– ZUR WAHL EINES MODELLS ZUM ÜBERSETZEN: PLÄDOYER FÜR EIN PRAGMATISCHES NÜTZLICHES MODELL

In Anlehnung an Vorhergesagtes werde ich hier für eine pragmatische Übersetzung plädieren, nachdem ich die Entstehung der Pragmatik etwas erläutert habe.

2.2.1- Zur Genesis der Pragmatik

Geschichtlich kurz überblickend kann gesagt werden, dass die Wurzeln der Pragmatik in der Philosophie zu finden sind.

Bei dem Versuch, die Welt zu verstehen, waren die Sprachphilosophen und die Sprachlogiker der Ansicht, dass die Sprache eine Abbildungsfunktion[44] ausübe, und sie bildeten üblicherweise, in dieser Hinsicht, Sätze, deren Wahrheit mit falsch oder wahr zu bewerten war. Sätze wie „Alle Menschen sind sterblich“ (mit der kanonischen Form „X ist Y“, wobei das Verb „ist“ als Kopula fungiert) waren streng normierte Propositionen, die so strukturiert waren, dass in Anlehnung an die Prädikatenlogik[45] Prädikate (hier „sind sterblich“) gebaut wurden, die das logische Subjekt (hier „Alle Menschen“) beschrieben. Das Subjekt wurde als Element der Welt verstanden, ein Stück Welt also, über das etwas Diskutierbares prädikativ behauptet wurde. Mit diesem Verfahren hofften die Philosophen, Stück um Stück, eine Gesamtkenntnis der Welt kognitiv[46] zu erhalten. Durch George E. Moore und

---

[44] Abbildungsfunktion bzw. Repräsentationsfunktion.

[45] *„Formale Logik zur Beschreibung der inneren Struktur von Aussagesätzen“,* vgl. M. Schwarz et al: Semantik, ein Arbeitsbuch, Gunter Narr, Tübingen, 2004, S. 223.

[46] „„„ Das Wort „kognitiv“ hat die Bedeutung von „auf Wissen bezogen“, mit der zugrundeliegenden Vorstellung, dass wenn der

Ludwig Wittgenstein, die eher die natürliche Sprache philosophisch analysierten, wurden die formalen Propositionen und die dazu gehörende formale Welt in Frage gestellt. Ludwig Wittgenstein war es, der bahnbrechend anmerkte:

Man kann für eine ***große*** *Klasse von Fällen der Benutzung des Wortes „Bedeutung" - wenn auch nicht für* ***alle Fälle*** *seiner Benutzung - dieses Wort so erklären: Die Bedeutung eines Wortes ist sein Gebrauch in der Sprache. Und die* ***Bedeutung*** *eines Namens erklärt man dadurch, dass man auf seinen* ***Träger*** *zeigt.*[47]

Somit konnte man sich andere Satzarten vorstellen. John L. Austin zunächst einmal und dann John R. Searle waren diejenigen, die die Gelegenheit ergriffen, die Sprechakttheorie in Gang zu setzen (vgl. Austins Werk „How to do Things with Words", 1962) und zu vertiefen (vgl. Searles Werk „Speech Acts", 1969). In Anlehnung an die Werke beider Theoretiker entstand die Pragmalinguistik.

Dass die Pragmatik als Wissenschaft der praxisbezogenen Sprache einen fruchtbaren Boden in dieser Sprechakttheorie fand, verstehen wir ganz klar aus der Anmerkung von A. Linke, der sagt: *„Kommunikation wird oft als* ***kommunikatives Handeln*** *bezeichnet, sprachliche Kommunikation als* ***Sprechhandeln"***[48].

Hörer einen wahren „Gedanken", der ihm von einem Sprecher übermittelt wird, akzeptiert, er wissen erwerben kann"", vgl. M. Black: idem, S. 131.

47 P. Ernst: Germanische Sprachwissenschaft, Facultas Verlags- und Buchhandels AG, Wien, S. 241. P. Ernst zitiert hier Wittgenstein.

48 *A. Linke et. al: Studienbuch Linguistik, Max Niemeyer, Tübingen, 2004, S. 197. Was hier, im kursiv gedruckten Zitat, fett gedruckt wird, entspricht im Original kursiv Gedrucktem. So verfahre ich jedesmal, wenn der Fall vorkommt.*

Es fällt hier auf, dass die Realität der menschlichen Kommunikation den natürlichen, vor allem lockeren Übergang zur Pragmatik sichert.

Grund dafür, warum ich für eine pragmatische Übersetzung[49] plädiere, liegt genau daran, dass ich das Übersetzen als Sprechakt konzipiere, da ich der Ansicht bin, dass sich das Übersetzen die Übermittlung von praxisorientierten verständlichen Informationen in die Zielsprache zum Ziel setzen soll: informieren ist auch ein Sprechakt und ein kommunikativ begriffenes Übersetzen kann nicht außerhalb des pragmatischen Feldes aufgefasst werden.

2.2.2– Das Plädoyer

Der Übersetzer übersetzt pragmatisch (verständnisbezogen), indem er ausgangssprachige, oft implizierte Ideen kontextueller oder situationsmäßiger Herkunft in der Zielsprache wenn nötig expliziert, die sonst dort verständniswidrig hätten stehen können. In dieser Perspektive wird auch übersetzt, wenn in der Ausgangssprache soziokulturelle Angaben - soweit in der Zielsprache wieder ausdrückbar - zielsprachig realistisch adaptiert und konsequent übersetzt werden. Dabei soll zum Beispiel die Kosmogonie eines angegebenen fremden Volkes in Betracht gezogen und fremdsprachig durch eine pragmatische Übersetzung passend, vor allem realitätstreu aktualisiert werden. Ein solcher Übersetzer, der nicht bloße sprachliche Angaben beachtet (und somit nicht die

---

49 *„Die pragmatische Sicht des Übersetzens wird sehr überzeugend von H.G. Hönig und P. Kußmaul in ihrem lehr- und Arbeitsbuch „Strategie der Übersetzung", zuerst 1962 erschienen, dargestellt, in dem sie vom Übersetzen als „textgebundener Kommunikation zwischen dem Übersetzer und einem identifizierbaren Kreis von Adressaten" ausgehen und damit die kommunikative Funktion des Textes hervorheben*", vgl. U. Kautz: ebenda, S. 37.

sprachliche Treue verfolgt), sondern Verständnisprobleme bei einer passenden Übersetzung Aufmerksamkeit schenkt (und somit die angepasste „Parole" in den Vordergrund stellt), übersetzt nützlich. Der Übersetzer hat übrigens keine Wahl, außer nützlich zu übersetzen! Wenn er anders verfährt, handelt er im Bereich der natürlichen Sprache regelwidrig. An und für sich wäre im Bereich der Übersetzung ausgangssprachig umsonst und zielsprachig absurd gesprochen, wenn dabei die Vermittlung des Übersetzers kein Verständnis in der Zielsprache ermöglichen sollte. Somit hätte der Übersetzer „bloß vor sich hin" übersetzt und dabei die zwingende Voraussetzung der verständnisbezogenen, also kommunikativen Sprache negiert. Nebenbei bemerkt: da die Ausgangssprachanhänger für eine unantastbare sakralisierte Sprache schwärmen, wäre für sie „die wörtliche Übersetzung" logischerweise der goldene Weg zur allerletzten treuen Übersetzung! Wenn sie trotzdem darauf verzichten, diesen Weg zu gehen, sind sie sich dessen deutlich bewusst, dass solch ein Übersetzungsweg ein kommunikationsarmer Irrweg ist, den sie nicht einschlagen können, ohne pragmatisch gegen die Regeln der Sprache zu stoßen. Wörter drücken überhaupt nichts aus außer in Zusammenhang mit anderen Wörtern. Insgesamt ist zu verstehen, dass Sätze und Texte mit kommunikativem Hintergrund geschrieben werden, was W. Bondzio gut verstanden hat, wenn er darauf hinweist: *Wir kommunizieren nicht in Wörtern, sondern in Sätzen und Texten. Ein isoliertes Wort, mit einer kommunikativer Absicht ausgesprochen, ist nicht mehr nur ein Wort, sondern ein Satz, vgl.: Feuer!, Morgen?, Peter!*[50]

[50] W. Bondzio et al. : Einführung in die Grundfragen der Sprachwissenschaft, VEB bibliographisches Institut Leipzig, Leipzig, 1980, S. 74.

Es steht fest, dass der ausgangssprachige Textschreiber Wörter als Bestandteile seiner Sätze nebeneinander syntaktisch regeltreu schreibt, weil er eine Idee kommunizieren will, und deshalb kann er eben nicht syntaktisch regelwidrig verfahren, da er sonst das Risiko eingehen würde, vom Leser - hier auch vom Übersetzer - nicht verstanden zu werden. Wir sehen hier gut, dass der Beweggrund eines Textschreibens immer mit Kommunikation zu tun hat. Die ganze Sache ist so inszeniert, dass der Übersetzer, kraft der Kommunikationsabsicht des Textschreibers, den Text verstehen soll, bevor er übersetzt. Angebracht ist es, dass der Übersetzer den von ihm selbst schon verstandenen Text im Zieltext verständlich macht, und den Ausgangstext verständlich machen heißt, dass der Übersetzer Parameter der Zielsprache gegebenenfalls als erstrangig betrachtet.

Betrachten wir den Ausdruck „steinreich" im folgenden Satz:

Der Bauer Kohl ist durch seine Arbeit ***steinreich*** geworden.

Wenn dieser Ausdruck wörtlich durch „riche comme une pierre" ins Französische übersetzt werden sollte, was würde der Franzose darunter verstehen? Überhaupt nichts, denn der Sinnbezug zwischen „Stein" und „Reichtum" ist seiner Weltauffassung fremd. Wenn man durch „riche comme Crésus" übersetzt, übersetzt man zwar passend, aber bei solch einer Übersetzung wird das zwischensprachliche referentielle Problem in der Übersetzung scharf gestellt: das Denotat bzw. der Ding-Referent „Stein" aus dem Deutschen ist dem biblischen Lebewesen-Referenten „Crésus" aus dem Französischen total fremd. Wird aber nicht erfolgreich passend übersetzt, wenn man den Sinn des Wortes „steinreich" explizierend durch „abondamment riche" oder einfach durch „très riche" übersetzt? Doch, denn die Idee des riesigen Reichtums ist in den zwei letzten Übersetzungen allgegenwärtig, eine Idee, die übrigens in „steinreich" als etwas Implizites vorliegt. Genau dieses Implizite erfordert, zielsprachig expliziert zu werden. Dazu kommt, dass die Übersetzung durch das Adverbiale Merkmal (vgl. abondamment riche) das Referentenproblem Crésus // Stein löst. Die Übersetzungen durch „abondamment riche" oder „très riche" könnten trotzdem mit Recht als fragwürdig betrachtet werden, da sie nicht figurativ symbolisch übersetzen: platte Übersetzungen, die den symbolischen Referenten „Stein" nicht haben ausdrücken können, wie bei der Übersetzung durch „riche comme crésus" der Fall ist. So würde man, mit Recht, die Übersetzung durch „riche comme Crésus" bevorzugen. Nun aber ist „Crésus" kein „Stein" und bedeutet nichts für denjenigen, der sich im Bereich der Bibel nicht auskennt. Da beide Symbole „Crésus" und „Stein" unterschiedlicher Natur sind und dabei unterschiedliche Weltstücke im Französischen sowie im Deutschen beschreiben und deshalb Verständnisprobleme bereiten, kann man auch mit Recht die Übersetzung von „steinreich" durch „riche comme Crésus" problematisieren und die verständniserleichterte Übersetzung durch „abondamment riche" ohne besondere Sorge vorschlagen. Letztendlich gewährleisten die Übersetzungen durch „abondamment riche" oder „très riche", dass der Leser explizit Ausgedrücktes versteht. Der Übersetzer ist den Gedanken, der Idee des Textschreibers, einen riesigen Reichtum pragmatisch auszudrücken, „treu". Er hat hier praxisbezogen verfahren, also pragmatisch verständlich übersetzt.

Genauso passend, also relativ treu wird übersetzt, wenn man zum Beispiel die Redewendung „*Il travaille comme un nègre*" aus dem Französischen ins Deutsche durch die andere Redewendung *„Er arbeitet wie ein Pferd“* übersetzt. Dabei merken wir an, dass die Referenten „nègre“ und „Pferd“ jeweils auf scharf getrennte Weltanschauungen verweisen; und es kann auch nicht anders sein, denn die Franzosen haben durch den Sklavenhandel bezüglich der kolonisierten schwarzafrikanischen Völker Ereignisse durch die Zwangsarbeiten der Schwarzafrikaner erlebt, die einen Teil ihrer Lebensauffassung ausmachen, ein Stück Welt, eine Repräsentation bzw. eine Idee über die Neger, die die Deutschen nicht haben können. Übrigens: selbst mit dem gebräuchlichen Referenten „Pferd“ in der Zielsprache Deutsch, was könnte ein deutschsprachiger junger Knabe unter Pferdearbeit verstehen, wenn er als Diplomatenkind in prächtigen Salons lebt und keine Pferdearbeit[51]als Bauerkind erleben kann! Hat das Bauerkind selbst in dieser hoch industrialisierten Gesellschaft mit allerlei Ackerbaumaschinen einmal die Gelegenheit, Pferde beim Arbeiten zu sehen, um sich eine Pferdearbeit vorstellen zu können? Auf die deutsche Sprache hier als Zielsprache zurückkommend, wäre es nicht pragmatisch kommunikativ besser gewesen, außer den Symbolangaben, den Sinn des Ausdrucks *„Il travaille comme un nègre“* aus dem Französischen ins Deutsche symbolarm, aber zielgerichtet explizierend durch *„er arbeitet hart“* zu übersetzen? Lösen wir unser Referentenproblem mit dem Diplomatenkind nicht, wenn wir durch eine derartige Übersetzung Generationen „versöhnen“, ohne dass wir eine Frage wie „ Papa! Was

[51] Was hier problematisch lauten kann ist eigentlich die Assoziierung von zwei Begriffen, und zwar „Arbeit“ und „Pferd“, wobei die Härte der Arbeit die Stärke des Pferdes referentiell erfordert. Das gleiche Assoziierungsproblem wird im Gebrauch vom Begriff „Neger“ aufgeworfen, und dies bezogen auf den Begriff „Arbeit“.

heißt denn, in deiner Übersetzung, eine Pferdearbeit?" beantworten sollen?

Nehmen wir jetzt folgenden Beispielsatz aus dem Französischen an:

Konan, mon ***enfant****, je ne suis pas ton père, toutefois je sollicite ton aide pour acheter à manger,*

ein Satz, dessen Sinn ins Deutsche folgendermaßen übersetzt werden kann:

Konan, mein ***Kind****, ich bin nicht dein Vater, jedoch bitte ich um deine Hilfe zum Kauf des Essens.*

Für die Anhänger der Ausgangssprache sei hier „enfant" durch „Kind" in der Zielsprache Deutsch trotz offensichtlichen Widerspruchs (vgl.: „... mein Kind, ich bin nicht dein Vater") treu übersetzt. Argumentieren könnten sie dabei -ohne weitere Betrachtungen kontextueller Wortbeziehungen im Nachfeld des Wortes "enfant" (vgl. "je ne suis pas ton père") - dass sich das Wort "enfant" auf Deutsch "üblicherweise" durch "Kind" übersetzen lässt: "enfant" = "Kind". Was ist aber im Deutschen solch ein Mensch, der sich herausnimmt, jemanden als sein Kind zu nennen, das er nicht erzeugt hat? „Je ne suis pas ton père" sagt tatsächlich der sogenannte Vater als Sprecher! Die Präsuppositionsproblematik[52] bringt uns bei, dass der Begriff „enfant" das Vorhandensein eines Vaters - hier Vater als Sprecher - präsupponiert, was seltsamerweise

52 „*Die relevanten Präsuppositionen haben, wie in unserem Beispiel, normalerweise die Form von Annahmen über die* ***Existenz*** *von etwas*", vgl. M. Black: ibidem, S. 140.
„*Präsuppositionen kann man sich als Sinnvoraussetzungen vorstellen, die in der Äußerung selbst nicht angesprochen, für das Verständnis aber vorausgesetzt werden. Die Hierarchie kann man so darstellen: Präsuppositionen haben nichts mit dem Wahrheitsgehalt einer Äußerung zu tun und dürfen nicht damit verwechselt werden*", vgl. P. Ernst, idem, S. 236.

genau vom Sprecher hier negiert wird. Übrigens: in dem abendländischen cartesianischen Denkmodell, das von der Denkweise deutschsprachiger Länder hier durch die deutsche Sprache repräsentiert wird, kann man nicht logischerweise jemanden als sein Kind bezeichnen, den man nicht erzeugt hat! Den Gebrauch des Wortes „enfant“ kann man entscheidend verstehen, wenn man das soziologische Herkunftsmerkmal des Sprechenden, genauer seine Heimat, beachtet, denn auch im französischen Sprachraum kann der Widerspruch vorhanden sein, wie zum Beispiel bei den Franzosen, die zum abendländischen Denkmodell genauso wie die Deutschen gehören, und deshalb den Sinn des Wortes „enfant“ durch „Kind“ übersetzen können. Wir müssen hier die Wichtigkeit der Heimat betonen. Zunächst einmal aber die Frage: was heißt solch eine forcierte „treue Übersetzung“, die im Deutschen etwas Widersprüchliches hervorbringt, das dem deutschen Leser Verständnisprobleme bereitet?

Zielsprachig verständnisbezogen übersetzend hätte der pragmatisch Übersetzende anders verfahren, indem er soziokulturelle Parameter der Zielsprache betrachtet und zugleich ausgangssprachige soziokulturelle Forderungen passend wieder ausdrückt. Die Frage, die gestellt wird, ist eine Existenzfrage, die so lautet: gibt es hier zum Beispiel einen B-Jemanden, der sich als Kind des A-Sprechers bezeichnen darf, ohne von diesem A-Sprecher erzeugt worden zu sein? Die Antwort auf diese Frage fordert, dass rein sprachwissenschaftlich eine andere Frage, die des Sinnstatus, gestellt und beantwortet wird, und zwar die Frage, ob im Französischen das Wort „enfant“ hier in engerem Sinne oder in übertragenem Sinne gebraucht wird.

Von der Ausgangssprache ausgehend muss deutlich gemacht werden, dass der Name Konan auf einen ivorischen männlichen Namen hinweist. Durch die vermutliche soziologische Ortsangabe, die implizite Heimatsangabe „Côte-d'Ivoire“[53], die in dem Namen „Konan“ zu finden ist, verstehen wir, dass die pragmatische Analyse des Sinnes des Wortes „enfant“ an die Denkweise der Ivorer orientiert werden soll, die die afrikanische Denkart spezifisch ausdrückt. Tatsache ist, dass sich die Afrikaner eine Gefühlswelt gebaut haben, in der der Altersunterschied - soweit akzeptierbar - dem Älteren es erlaubt, den Jüngeren als sein Kind zu betrachten: der Ältere, wegen seines hohen Alters, hätte in diesem Fall den Jüngeren erzeugen können, genauso wie der biologische Vater es gemacht hat. Diese Plausibilität akzeptierend und das hohe Alter gebräuchlich hochbewertend soll der Jüngere ohne weiteres zugeben, dass der Mann, der vom Alter her ihn hätte erzeugen können, wirklich sein genetischer Vater ist (nicht sein kann, sondern wirklich ist). Der Jüngere kann überhaupt nicht auf die Idee kommen, die Benennung „enfant“ / „Kind“ abzulehnen, denn es ist für ihn eine Ehrenbenennung, die er verdienen soll, und verweigerte er diese Appellation, so würde ihm die heimische Gesellschaft seine Frechheit vorwerfen und ihn deshalb verbannen. Solch ein Kind existiert in der afrikanischen Gesellschaft, ein Kind das nicht von seinem Vater erzeugt worden ist. Wenn der Übersetzer diese afrikanische Realität verkennt, die dem Gebrauch des Wortes „enfant“ kontextuell und situativ zugrunde liegt, so kann er sprachlich relativ treu aber pragmatisch regelwidrig übersetzend, den Satz „*Konan, mein Kind, ich bin nicht dein Vater, aber ich bitte um deine Hilfe zum Kauf des Essens*“ bauen.

[53] Dadurch wird das Heimatsproblem gelöst.

Die sogenannte Treue gegenüber der Ausgangssprache „Französisch" hemmt aber hier das Verständnis in der Zielsprache „Deutsch", das der eben beschriebenen afrikanischen Realität fremd ist, und deshalb wäre im Deutschen, statt der Sprachübersetzung *„Konan, mein Kind, ich bin nicht dein Vater, aber ich bitte um deine Hilfe zum Kauf des Essens*" eher die folgende pragmatisch bezogene Übersetzung des Sprechens passender:*„Konan, der du,* der mein Kind hättest sein können*, ich bin nicht dein Vater, aber ich bitte um deine Hilfe zum* Kauf des Essens. *"*

Die paraphrastisch[54] ausgedrückte Irrealität in „ **hättest sein können"** drückt die besprochene afrikanische Realität pragmatisch passend aus, zeigt genug, dass der Übersetzer makrokulturell bezogen auf Afrika allgemeingebildet ist. Er verwendet also absichtlich das Wort „Kind" nur in übertragenem Sinne zum Äußern, was mit afrikanischen Realitäten in der Ausgangssprache gemeint ist und zugleich, was der Gedankenmodus der Zielsprachler „Deutsch" verständnisbezogen fordert. Somit schafft der Übersetzer eine gewisse Harmonie zwischen Ausgangssprache „Französisch" und Zielsprache „Deutsch". Somit kommt der Übersetzer dazu, gebräuchliche Grenze abzubauen, indem afrikanische Gebräuche pragmatisch passend in der Zielsprache Deutsch begriffen werden: was der A-Sprecher im Französischen durch das Gesagte **„Konan, mon enfant"** pragmatisch meint, ist nämlich *„Konan, der du,* **der mein Kind hättest sein können"***,* und das Gemeinte bzw. die

54 « *La compréhension d'une langue implique que l'on puisse faire correspondre à chaque énoncé d'autres énoncés de cette même langue, que l'on considère comme synonymes, comme sémantiquement équivalents [...], c'est-à-dire que l'on soit capable de les paraphraser...*», vgl. O. Ducrot et al. : Dictionnaire encyclopédique des sciences du langage, Seuil, Paris, 1972, S. 365.

Absicht des A-Sprechers wird so, ohne die abendländische gebräuchliche Denkweise der Deutschen zu stören, passend in die Zielsprache Deutsch übersetzt.

M. Lederer hat also Recht, wenn sie in ihrer Theorie des Übersetzens die „linguistische Übersetzung“ von der „interpretativen Übersetzung“ wie folgt unterscheidet:

J'englobe sous l'appellation traduction linguistique la traduction de mots et la traduction de phrases hors contextes et je dénomme traduction interprétative, ou traduction tout court, la traduction des textes.[55]

In der Übersetzung *„Konan, mein Kind, ich bin nicht dein Vater, aber ich bitte um deine Hilfe zum Kauf des Essens“* ist der Sinn des Wortes „Kind“ gemäß einer linguistischen Übersetzung übersetzt. In der Übersetzung *„Konan, der du, der mein Kind hättest sein können, ich bin nicht dein Vater, aber ich bitte um deine Hilfe zum Kauf des Essens“* entspricht jedoch die paraphrastische Formulierung durch *„...der mein Kind hättest sein können...“* der interpretativen Übersetzung Lederers. In der obigen Behauptung Lederers kann aber das Faktum zweierlei diskutiert werden, dass Lederer von *„traduction de phrases hors contexte“*, also von der „Übersetzung von kontextlosen Sätzen“ spricht.

Zum Einen: ein Satz, definiert als Wörterfolge, kann prinzipiell nicht kontextlos auftreten, denn die Wörter eines angegebenen Satzes sind nicht isoliert und erklären sich deshalb kontextbezogen untereinander. Jedoch kann ein Kontext ein angegebenes Wort mangelhaft erklären, wie es im folgenden Satz aus dem Französischen der Fall ist: *„C'est une épreuve redoutable que de présenter, tout nu, son enfant au public“*[56]. Wer ist hier „ganz nackt“?

[55] M. Lederer (1994), idem, S. 15.

[56] Beispielsatz von M. Lederer (1986), idem, S. 15.

Der Vater oder das Kind? Die Antwort wird nicht vom Kontext geklärt.

Zum Zweiten: übersetzt wird nicht der „Satz“, wie hier bei Lederer, durch „...la traduction de phrases... “ gemeint ist, sondern eher der Sinn des Satzes, also die kontext- bzw. situationsbezogene Idee, die die Sätze tragen, sonst wird ohne weiteres wortwörtlich übersetzt: ein Satz besteht aus mehreren Wörtern.

Hauptsache ist aber in der Behauptung Lederers, was sie als „traduction interpretative“, also als „interpretative Übersetzung“ bezeichnet. Unter diesem Ausdruck vertritt M. Lederer in der linguistischen Übersetzungsdebatte die bahnbrechende Behauptung, dass im Text, die zu „übersetzenden“ Wörter, momentan in die Vergessenheit geraten[57] (was sie „Deverbalisierung“ nennt), damit die im Ausgangstext ausgedrückte Idee - die Idee und nicht das Wort - passend in den Zieltext übersetzt wird, ohne dass der gute Übersetzer fremde Weltauffassungen im Zieltext weglässt. Diese Interpretationstheorie formuliert M. Lederer selber mit folgenden Wörtern:

La théorie interprétative, sur laquelle se fondent les développements qui suivent, a établi que le processus consistait à comprendre le texte original, à déverbaliser sa forme linguistique et à exprimer dans une autre langue les idées comprises et les sentiments ressentis. Ce constat, initialement fait sur la traduction orale, ou interprétation de conférence, s'applique aussi à la traduction écrite. Sous peine de produire dans la langue d'arrivée un texte fourmillant de maladresses au point d'en être parfois à

[57] In die Vergessenheit geraten, in Anlehnung an das, was M. Lederer aus Berufspraxis als Interpretin in Konferenzen, also in der mündlichen Übersetzung, angemerkt hat.

peine lisible, on ne peut traduire directement de langue à langue.[58]

Durch folgende studentische Übersetzungen, in denen der Sinn des englischen Wortes „read" (liest) durch die französischen Wörter „voit" (sieht) oder „trouve" (findet) übersetzt wird, will M. Lederer, diesen Übersetzungen zustimmend, ihre Theorie praktisch ans Licht kommen lassen. So der Satz:

«But every magazine you ***read*** *in the supermarket features husbands of working wiwes sharing the household duties"*[59] und dessen Übersetzungen

(T2) « Pourtant, dans toutes les revues que l'on ***voit*** *dans les supermarchés, on vante les hommes qui mettent la main à la pâte quand leur femme travaille » und*

(T3) « ...les magazines que l'on ***trouve*** *dans les supermarchés... »*

Für M. Lederer wäre hier eine Übersetzung durch *« ... tous les magazines qu'on lit au supermarché... »* eine bloße inkohärente Transkodierung von Sprache zu Sprache, weil kulturbedingt in den Supermärkten Frankreichs üblicherweise gekauft (und nicht gelesen!) wird: es wird eher üblich in Bibliotheken zum Beispiel gelesen. Hier muss ich aber etwas klarstellen: die kontextuellen sowie die situativen ausgangssprachigen Angaben sind sicher beim Übersetzen nicht wegzulassen! Nur wenn diese in der Zielsprache einem Verständnis im Wege stehen, sollen zielsprachige Erwägungen den Vorrang haben und passend gebraucht werden.

Soweit nehme ich hier Stellung für ein pragmatisches nützliches Modell des Übersetzens. Zwar sind die ausgangssprachig bezogene sowie die zielsprachig

---

[58] M. Lederer (1994), ebenda, S. 11.

[59] NM. Lederer (1994), ebenda, S. 127. Dieser Beispielsatz und andere Übersetzungen sind auf dieser Seite zu finden.

bezogene Übersetzung gleichermaßen mit der Determiniertheit der Untreue behaftet; es kann aber auch nicht anders sein, wenn vom Übersetzen die Rede ist. Nur soll die Übersetzung den natürlichen Weg der menschlichen Sprache gehen, der mit Pflastersteinen des Verständnisses pragmatisch gebaut ist.

Wie kann man diesen natürlichen Weg als Prozess beschreiben? Mein Beitrag in dieser Hinsicht besteht darin, unter dem Blickwinkel der nachstehenden vorgeschlagenen Frage-Antwort-Theorie, den idealen Verlauf der Übersetzung vorzuzeigen.

2.3- DARSTELLUNG DES THEORETISCHEN VERLAUFS DER ÜBERSETZUNG: DER WEG DER ÜBERSETZUNG SKIZZIERT IM LICHTE DER FRAGE-ANTWORT-THEORIE ALS VORGESCHLAGENES KOGNITIVES PRAGMATISCH BEZOGENES MODELL

Eine Theorie aufzustellen hat immer einen praktischen Beweggrund zur Erleichterung oder zum Verständnis des menschlichen Lebens. Den theoretischen Prozess der Übersetzung zu beschreiben, wie hier die Rede ist, gehört in dieses praktische Bedürfnis. Nun aber scheint das Treiben einer Theorie ein heikles Unternehmen zu sein, wie Guillemin-Flescher J. pessimistisch anmerkt:

Théoriser la traduction ? On peut se demander compte tenu de la complexité du problème, si cette théorisation est possible. La divergence entre les positions dominantes entraîne des interrogations. Il semble, en effet, difficile de concilier les différents courants. La raison en est que le concept même de théorie est radicalement différent selon le cas. Ce fait est rarement pris en compte, voire même perçu. C'est la raison même des malentendus entre théoriciens.[60]

Dargestellt wird hier das allgemeine Sprachproblem als eine natürliche kommunikationsbedingte menschliche Realität, die von einem Individuum zu einem anderen sosehr variiert, dass es allzu prätentiös wäre, solch einen unübersehbaren Horizont durch eine Sprachtheorie wissenschaftlich umfassend anzuschauen und zu beschreiben. Die Übersetzungsproblematik, die auch eine Kommunikationsproblematik[61] ist, wirft Kommunikationsprobleme auf, die rein menschlich gesehen, gleichermaßen komplex aussehen und daher schwer zu lösen scheinen. Diese Determiniertheit schließt aber nicht aus, dass Linguisten es wagen - hier bezogen auf die Übersetzungsproblematik - Wege theoretisch zu gehen, die es ermöglichen, das Sprachphänomen zu verstehen. In diesem Sinne ist die von mir vorgeschlagene Frage-Antwort-Theorie als kognitives Modell des Übersetzens zu begreifen, eine pragmatisch bezogene Theorie[62], die die Beschreibung des ganzen

---

[60] J. Guillemin-Flescher: Théoriser la traduction, Revue française de linguistique appliquée, Band VIII, 2003/2, S. 7-18, Online-Artikel, http://www.cairn.info/revue-française-de-linguistique-appliquée-2003-2-page-7.htm, Seite am 24. Oktober 2008 geöffnet.

[61] *„Übersetzen ist eine komplexe, funktional bestimmte, planmäßige, sowohl rekreative als auch kreative Tätigkeit im Rahmen der transkulturellen sprachlichen Kommunikation zwischen verschiedensprachigen Partnern*", vgl. U. Kautz: ebenda, Seite 57.

[62] Diese pragmatisch bezogene Übersetzung gehört theoretisch in diese Modelle, in denen sich Übersetzungsoperationen im Moment des Übersetzens abspielen, wie Guillemin-Flescher meint : *„Conjointement avec cette évolution dans le domaine pratique, les courants théoriques se multiplient et se diversifient. Au-delà des spécificités, on distingue actuellement trois démarches essentielles, le modèle idéal la critique des traductions et sur un jugement qualitatif, le modèle scientifique fondé sur la systématisation des phénomènes observables, et le modèle qui vise*

Übersetzungsprozesses vom Textlesen zum Übersetzungsakt umfasst. Die Frage, wie dieser Prozess theoretisch verläuft, will ich nachstehend beantworten, indem ich zu Beginn das vorgeschlagene Modell in seiner Gesamtheit vorstelle. Dann behandle ich, detailliert in der Reihe, die Begriffe „Textlesen" „Frage" und „Übersetzen". Schließlich wird ein Schema vorgeschlagen, das die ganze Theorie ans Licht bringt.

2.3.1- Gesamtvorstellung der Frage-Antwort-Theorie als vorgeschlagenes kognitives Modell des Übersetzens.

Mental fragen und gleichermaßen im Gedanken auf diese Fragen antworten quillt aus der Natur des denkenden Menschen, wenn er mit Verständnis- sowie Interpretations- und Übersetzungsfragen konfrontiert ist, eine behavioristische Reaktion, die beim Übersetzen durch Stimuli-Wörter kognitiv aktualisiert wird.

Textlesen, Verständnis- sowie Interpretationsfragen als auch Übersetzungsfragen stellen, erst dann übersetzen: in dieser Reihenfolge verläuft der Übersetzungsprozess, wobei die vier genannten Schritte im Vorfeld des Übersetzungsaktes auftreten und geschickt oder ungeschickt diesen vorbereiten. Diese Reihenfolge ist ein Ideal, sollte also normalerweise nicht verkehrt werden, es sei denn, dass die Praxis der Übersetzung diese Serie anders subjektiv ordnet. Schon auf der Ebene der dreiteiligen Aufteilung „Lesen", „(mental) fragen"[63], und „übersetzen" wird deutlich, dass der Begriff „Frage" als Zentralfrage im Übersetzungsprozess hervorgehoben ist,

---

les opérations de traduction au moment même où l'on traduit.», idem. , Online-Artikel, Seite am 24. Oktober 2008 geöffnet.

[63] Es geht um die vorhergenannte Fragenserie im Bereich des Verständnisses, der Interpretation und der Vor-Übersetzung.

und da ist genau die Originalität beim vorliegenden Vorschlag eines Modells des Übersetzens, da fast alle anderen Modelle den Interpretationsbegriff als Kernfrage behandeln. Ein derartiges Verfahren stellt also den im Bereich der Linguistik vielbesprochenen Begriff „Interpretation“ nicht mehr in den Vordergrund des Übersetzungsprozesses, da das Interpretieren als Zwischenakt ‚von nun an, mentale Fragen erfordert, die nicht exklusiv sondern in Zusammenhang mit anderen Fragen (Verständnis- sowie Übersetzungsfragen) Bestandteile einer Fragenkonstellation sind. Da diese Fragen Antworten im Vorfeld des Übersetzungsaktes erfordern, ist das Kognitive in dieser Theorie Beides: mental gestellte Fragen und deren notwendige Antworten, ein dynamischer Überlegungsprozess in einer doppelseitigen Gedankenbewegung. Solche Fragen, die passende Antworten zum Ziel haben, sollen notwendigerweise kontextuelle bzw. situative Stützpunkte haben, um die Antworten passend orientieren zu können.

Grund dafür, warum Übersetzungen zweier Übersetzer unter normalen Übersetzungsbedingungen[64] niemals übereinstimmen können, liegt genau an der Subjektivität der Verständnis- sowie Interpretationsfragen, aber auch an den subjektiven Übersetzungsfragen und deren Antworten im Vorfeld des Übersetzungsakts.

Insgesamt sind vom Lesen zum Übersetzen über Fragen fünf Akte aufzuzählen, darunter der Kopfakt „Lesen“, der Endakt „Übersetzen“ und dazwischen die mentalen Zwischenakte „Verstehen“, „Interpretieren“ und „Vor-Übersetzen“. Die vier ersten Akte „Lesen“, „Verstehen“, „Interpretieren“ und „Vor-Übersetzen“ gelten in dieser Theorie als Unterakte des End- bzw. Hauptaktes

[64] Vorausgesetzt, dass in der pädagogischen Übersetzung die Übersetzer als Studenten in der Sprachklasse nicht gemogelt haben.

„Übersetzen". Die Zwischenakte „Verstehen", „Interpretieren" und „Vor-Übersetzen", die sich im Gedanken des Übersetzers abspielen, werden auch als mentale Akte bezeichnet. Diese unterschiedlichen Akte weisen auf ein pragmatisches Modell des Übersetzens[65] hin. Sie entsprechen fünf Phasen in dem Übersetzungsprozess, nämlich der Exploration, der Analyse, dem Interpretieren, dem Vor-Übersetzen und dem Übersetzen. Übersetzt wird in dem vorgeschlagenen pragmatischen Modell der Sinn des Wortes, der sich durch die kontextuell und situativ passende Interpretation der Wortbedeutung im Ausgangstext entfaltet. Nicht übersetzt wird hier das Wort als bloßes Sprachmaterial, das den Sinn verkörpert - also ihn nur schriftlich materiell trägt - sondern der Sinn des Wortes im Lichte der Idee des Textes. Ich bezeichne als Idee den Hauptgedanken des Textverfassers, die Botschaft des Verfassers, die sich in dem Text bzw. in den Sätzen, als kontextuell und situativ begreifbare Untergedanken zersplitternd durchströmen lässt.

So ist hier der Gedankenbegriff vom Sinnbegriff nicht zu trennen, nur weist der Sinn a priori auf das Wort[66], wohingegen der Gedanke auf den Sprecher verweist, der diesen Gedanken - in den Sätzen und nicht in den isolierten Wörtern - menschlich durch die lebendige

---

[65] Für dieses Modells habe ich plädiert (Vgl. Abo J. KOUAME: „Stellungnahme in der theoretischen linguistendebatte zur Wahl eines Modells zum Übersetzen: Plädoyer für eine nützliche pragmatisch bezogene Übersetzung*", in: Université, Recherche et Développement (URED) Nr. 20, Presses Universitaires de Saint-Louis, Saint-Louis, Januar 2011, Seiten 207-224.* Genau der Prozess dieses Modells wird in diesem Buch tief erläutert und schematisiert.

[66] Man sagt üblicherweise „der Sinn des Wortes" (und nicht „die Idee des Wortes", sondern „die Idee des Textes"). Genau der Sinn macht im Satz isoliertes totes Wort lebendig.

„Parole" entstehen lässt. Mit innerer Sprache meine ich das Mentale, einen lautlosen kognitiven Denkprozess seitens des Übersetzers, einen Prozess, der auf der Allgemeinbildung des Übersetzers basiert. Diese Allgemeinbildung erlaubt das Verständnis des Textes und zugleich den Zugang zum ersten Schritt der Übersetzung, ich meine das Textlesen, das in den folgenden Zeilen besprochen wird.

2.3.2- Ausgangspunkt des Übersetzungsprozesses : das Textlesen

In dem vorgeschlagenen pragmatischen Modell des Übersetzens, das die Frage-Antwort-Theorie darstellt, ist das Textlesen eine Zentralfrage, denn, - wie S. Moirand meint - der Textschreiber schreibt mit kommunikativer Absicht und erzielt einen Effekt bei dem Leser, der selber Absichten und Vorstellungen hat, Sinnhypothesen subjektiv macht. Übrigens kann der Text den erwarteten Effekt beim Leser erzeugen oder nicht:

Le scripteur a ***une intention de communication*** *et veut produire sur ses lecteurs , par l'intermédiaire du document graphique, un certain „****effet****"; il écrit „pour faire quelque chose"(à son lecteur); cette intention transparaît souvent dans le document lui-même, au travers de sa* ***fonction*** *et des* ***interventions*** *du scripteur dans son propre discours[...] Le document produit un effet sur le lecteur, effet pas toujours conforme à celui imaginé (et/ou voulu) par le scripteur ; il dépend, entre autres (outre les caractéristiques du lecteur déjà envisagées),des* ***objectifs*** *de lecture de ce dernier (il lit « pour quoi faire ? »), de ses propres* ***hypothèses*** *sur les sens du texte et enfin de la manière dont* ***il se projette*** *dans le discours qu'il reçoit (un* *même écrit peut avoir autant de lectures que de lecteurs)...*[67]

So gerät der Textleser in eine privilegierte Beziehung mit dem Textschreiber durch den Text, den er im Rahmen der Übersetzung liest. Der Textleser ist durch den pragmatischen Akt, den er durch das Lesen begeht, zugleich Akteur und Zuschauer des Prozesses: er wirkt auf den Text, den er unter dem Blickwinkel seiner Subjektivität liest und somit beeinflusst, indem er selber von der Botschaft bzw. Hauptidee des Textes - wie vom Textschreiber bestenfalls erwartet - beeinflusst wird. Zugang zu der Botschaft des Textschreibers hat der Übersetzer durch das Lesen. Das heißt a contrario, dass, wer nicht lesen kann, der auch nicht übersetzen kann. Unter solchen Umständen versteht man ganz gut, warum das Textlesen eine Voraussetzung für die Übersetzung ist. Folgendes Schema aus S. Moirands Überlegungen veranschaulicht die Beziehung zwischen Schreiber (hier „S“) und Leser (hier „L^n“). Durch den „Treffpunkt Text“, treffen sich Schreiber und Leser, beide mit soziologischen Merkmalen, die die Textproduktion bzw. die Textrezeption lenken:

[67] S. Moirand: Situations d’écrits. Compréhension, production en langue étrangère, Clé international, Paris, 1979, S. 11-12.

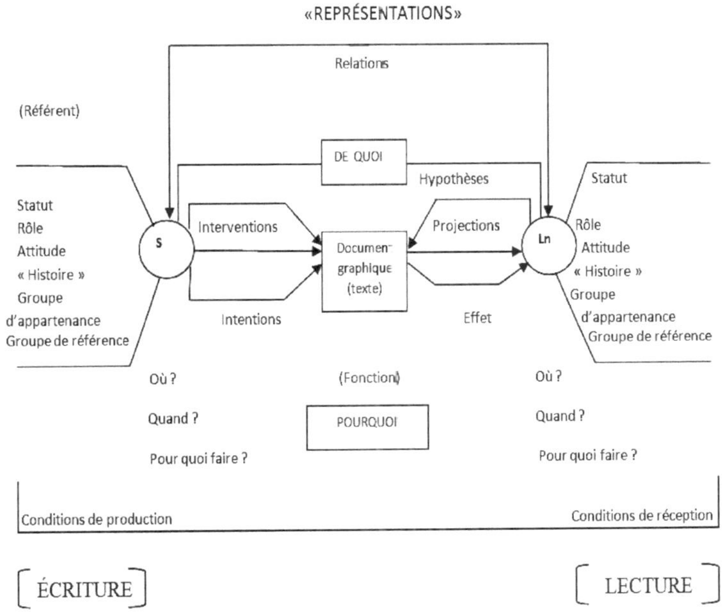

SCHÉMA 1, Quelle: S. Moirand: idem, S. 10.

Im Bereich des Modells des Übersetzens - auf der Frage-Antwort-Theorie basierend - bezeichnet das Lesen, wie oben erwähnt, den Ausgangspunkt des Übersetzungsprozesses. Hier lernt der Übersetzer den Text in einer Explorationsphase kennen, indem er diesen Text verbal laut (selten) oder mental lautlos (häufig)[68] liest. Unter dem Begriff „Text" verstehe ich, etwa wie P. Ernst, die mit kommunikativer Absicht kohärent aufgebaute Sprache des Mundes - was P. Ernst als etwas tatsächlich Geäußertes beschreibt -und nicht die sogenannten

[68] *« Dans la majorité des situations de lecture,* ***la lecture est silencieuse :*** *seuls des lecteurs peu entraînés auront recours à l'oralisation ou à la subvocalisation. La lecture silencieuse est bien plus rapide, bien plus efficace que la lecture à haute voix qui oblige l'œil à suivre le texte lettre par lettre, ou plutôt son après son.»*,vgl. S. Moirand, ibidem, S. 20.

„präetablierten formalen Labortexte“ zum Überprüfen von Grammatikkenntnissen. P. Ernst schreibt Folgendes mit Recht:

Text ist etwas tatsächlich Geäußertes, also ein Element der Parole. So muss letztlich jede sprachliche Äußerung als Text aufgefasst werden, auch wenn sie nur aus einem Satz, einem Wort oder gar einem Laut (wie ***au!****) besteht. [...] Auf diese Weise kann man etwa die einfache Feststellung treffen, dass Texte aus Einheiten („Sätzen“) bestehen, die miteinander in einem semantischen Zusammenhang stehen.*[69]

Im Vorfeld der Analysephase bereitet das Lesen Verständnisfragen im Gedanken vor, deshalb soll, wenn nötig, wiederholt aufmerksam gelesen werden, damit der erste Kontakt mit dem Text dem Übersetzer in eine gute Geistesgesinnung zum Textverständnis bringt. Nicht zu vergessen ist, dass der Ausgangstext üblicherweise ein Text des Fremden ist, und als Fremder kann dieser dem Übersetzer vornehmlich Verständnisprobleme bereiten: den Fremden soll man durch das Lesen „empfangen“. Die gelesenen Wörter gelten als finite Variablen, die mit den Buchstaben x, y, z repräsentiert werden können. Zum Lesen braucht man aber eine Lesekompetenz[70], denn, nicht jeder, der will, kann lesen. Der Text als Vermittlungsdokument zwischen dem Textschreiber und dem Textleser (hier, dem Übersetzer) braucht nicht beim Lesen bloß „entziffert“ zu werden, sondern muss verstanden werden. Dafür werden allerart solide

[69] P. Ernst: Germanistische Sprachwissenschaft, Facultas Verlags- und Buchhandels AG, Wien, 2004, S. 173.

[70] « *Contentons-nous pour l'instant de définir* ***la compétence de lecture*** *comme la capacité de trouver dans un texte l'information que l'on y recherche, capacité d'interroger un écrit et d'y repérer des réponses, capacité de comprendre et d'interpréter les documents de manière autonome », vgl.* S. Moirand, ebenda, S. 22.

Kenntnisse in der Ausgangssprache verlangt: es geht darum, gegenüber dem Text des Textschreibers, einen Zugang zur versteckten Botschaft zu haben, zum versteckten Sinn erstmalig in diesem Übersetzungsprozess flüchtig freizulegen. S. Moirand denkt mit Recht, dass die Lesekompetenz ein Vorfeld hat. Diese Kompetenz im Bereich des Lesens teilt die Autorin in drei Teile auf, eine linguistische Kompetenz, eine diskursive Kompetenz und eine extralinguistisch bezogene Kompetenz:

La compétence de lecture reposerait alors sur une triple compétence : une compétence linguistique qui relèverait des modèle syntactico sémantiques de la langue ; une compétence discursive qui reposerait sur la connaissance des types écrits (leur organisation rhétorique) et de leurs dimensions pragmatiques (les situations d'écrit) ; enfin une connaissance des références extra-linguistiques des textes (l'expérience vécue, les savoir-faire, le bagage socio-culturel et la perception « cultivée » que l'on a du monde) ; ces trois compétences intervenant simultanément dans la mise en place d'une compétence de lecture et, a fortiori, d'une compétence de communication en langue étrangère.[71]

Die durch die Allgemeinbildung beigebrachten Lesekompetenzen sind, in der Tat, die allererste Forderung des Übersetzens, dadurch dass sie das Lesen von linguistischen Einheiten ermöglichen, deren Sinn übersetzt werden soll: wer nicht lesen kann, kann auch nicht übersetzen.

In dem vorgeschlagenen dreifachen Modell „Lesen-Fragen-Übersetzen" werden im Bereich der Ausgangsprache sowie im Feld der Zielsprache Fragen gestellt. Nachdem ich das Thema des Lesens behandelt

---

[71] S. Moirand, ebenda, S. 22.

habe, will ich das der Fragen im Übersetzungsprozess anschneiden.

2.3.3- Der Begriff „Frage“ im Übersetzungsprozess

Der Grund dafür, warum in meiner Theorie vom Begriff „Frage“ die Rede ist, liegt daran, dass ich angemerkt habe, dass der Vorgang der Übersetzung durch die unvermeidbare Suche nach der Treue kognitive Prozesse beim Übersetzer zur Lösung von Schwierigkeiten allerart auslöst, Überlegungen, die durch lautlose Fragen ausgedrückt werden. Diese Fragen sind hier ausgangssprachig sowie zielsprachig gerichtet.

Bezüglich der Ausgangssprache werden Fragen gestellt, die „still“ im Gedanken des Übersetzers vorrangig auf das Verständnis des Textes zielen. Solche Fragen nenne ich Verständnisfragen. Es gibt auch im Bereich der Ausgangssprache Interpretationsfragen, die nach den Verständnisfragen, gleichermaßen im Gedanken des Übersetzers auftreten. Verständnis- sowie Interpretationsfragen sind ausgangssprachig gerichtete Fragen. In diese Fragenkonstellation kommen auch Übersetzungsfragen, die sich nicht auf Ausgangsprachiges, sondern auf Zielsprachiges richten. Die Etappe der Verständnisfragen wird nachstehend besprochen.

2.3.3.1- Die Verständnisfragen in der Frage-Antwort-Theorie

Das Thema des Verständnisses ist als Kernfrage in der sprachwissenschaftlichen Forschung behandelt, wie Wegener sagt:

Die Sprache ist Verkehr der Menschen untereinander, und nur die sprachlichen Vorgänge, welche wir als Hörende verstanden haben, können uns beim Sprechen als

Sprachmittel dienen. Daher muss die Frage nach dem Sprachverstehen im Vordergrunde der sprachwissenschaftlichen Untersuchungen stehen...[72]

Im Bereich der Textproduktion, speziell bezüglich der Übersetzung, ist vom Verständnisproblem viel die Rede, was die oben angeführte Anmerkung Wegeners bekräftigt. Das Subjektivitätsproblem zum Beispiel kann hier aufgeworfen werden, denn der Übersetzer ist beim Textverständnismit der Subjektivität des Textproduzenten so konfrontiert, dass der Text nicht ausschöpfend verstanden werden kann. Deshalb erwähnt Francesca Manzari mit Recht, im Bereich der Übersetzung, auf der Zeitachse, eine Dichotomie zwischen Originalem und Kopie:

„la traduction appartient à l'histoire de l'original, à sa survie en tant qu'après vie, elle ne parvient jamais à son telos et ne fait qu'effleurer la langue supérieure, la langue de vérité. "[73]

Nichts anderes ist zu verstehen, wenn Walter Benjamin sagt:

„la traduction touche l'original de façon fugitive, et seulement en un point infiniment petit du sens, pour poursuivre sa marche selon la loi de fidélité dans la liberté du mouvement langagier. "[74]

Unter dem Begriff „verstehen" verstehen R. Galisson et al. das Begreifen von Denotativem und unterscheidenden oder annähernden semantischen Merkmalen, die in linguistischen Einheiten zu finden sind:

---

72 Wegener, zitiert nach H. Arens, ibd., S. 377.

73 F. Manzari: Walter Benjamin, la traduction entre théorie et création, Online-Artikel: http://www.fabula.org/revue/document, Seite am 23. 10. 2008 geöffnet.

74 Walter Benjamin, zitiert nach Inês-Oseki-Depré: De Walter Benjamin à nos jours, Honoré Champion, Paris, 2007, wieder zitiert nach Francesca Manzari: idem.

Par analogie, on dira alors que comprendre (au sens banal du terme) un signe, c'est non seulement savoir ce qu'il dénote (ce qu'il veut dire) mais aussi avoir quelque idée des traits qu'il comprend (au sens des logiciens) ; étant entendu que linguistiquement ces traits distinguent ou rapprochent le signe d'autres signes de la langue et que « comprendre » sert donc à situer le signe à l'intérieur du système.[75]

Mit dem Wertbegriff als differenzierendem Merkmal linguistischer Einheiten denkt F. de Saussure sicher das Gleiche wie R. Galisson.

R. Thieberger versteht seinerseits unter dem Begriff „verstehen" die Erklärung des Ausgangstextes:

En réalité, la clef pour la compréhension d'un acte est toujours dans sa genèse. Comme il faut comprendre avant de traduire, le traducteur s'attachera d'abord à l'explication de l'original. Il cherchera à déterminer la matière première dont est fait le produit fini qu'il a devant lui. Il convient de faire revivre les énoncés écrits avant d'essayer de leur insuffler une vie nouvelle dans une autre langue. Seuls les textes mort-nés, qui ne sont jamais passés par une bouche, résistent à cette tentative.[76]

Unter demselben Begriff verstehe ich eher eine pragmatische Textanalyse, die sich eine Textklärung zum Ziel setzt, ein Unternehmen, das den Sinnausdruck in der Interpretationsphase unter optimaler Bedingung begünstigt. Anders gesagt, verfolgt das Textverständnis die Einschränkung des Sinnaggregats eines jeden Wortes im Textverlauf durch die Filter des Kontextes und der Situation. Solch eine pragmatisch analytisch orientierte

---

[75] Galisson et al. , Hrsg. : Dictionnaire de didactique des langues, Hachette, Poitiers, 1988, S. 111.

[76] R. Thieberger: *Le langage de la traduction*, in : langages Nr 28, Paris, Didier / Larousse, 72, S. 77.

Textklärung mit der Übersetzung als Hintergedanken heißt vor allem, das „Sagen-Wollen“ des Textschreibers bzw. die Hauptidee[77] des Textes und deren in Sätze zersplitterte Unterideen zunächst zu erfassen.

Wie die ermittelten Unterideen in den Sätzen thematisch sowie argumentativ logisch kohärent durch eine pragmatische Gedankenkette fortschreiten, darf vom Übersetzer beim Textverständnis nicht übersehen werden. So wird der Text klarer (deshalb wird hier von Texterklärung gesprochen), und so werden die einzelnen Wörter besser verstanden. In dieser Analysephase zum Verständnis des Textes wird der Sinn tiefgehender als in der Explorationsphase des Textlesens freigelegt.

Erklärt wird der Ausgangstext. Erklären kann aber nur derjenige, der über eine Analysekompetenz verfügt, was ihm eine umfassende Allgemeinbildung[78] verschafft. Ja, bezogen auf den Übersetzungsprozess soll der Übersetzer allgemein gebildet sein: Kenntnisse und Wissen vielfältiger Art sollen ihm also nicht fremd sein. Wie verfährt er nun praktisch, um den Text zu verstehen, den er vor Augen hat? Er stellt sich, wie mir scheint, Verständnisfragen. Da sich die im Text gebrauchten Wörter im Lichte der Idee des Textes untereinander erklären lassen, werden Verständnisfragen zur Ermittlung der Hauptidee[79] und deren Unterideen gestellt, und dabei werden notwendigerweise auch Fragen gestellt, die auf die Verknüpfung dieser Ideen zielen. Es könnten Fragen gestellt werden, wie zum Beispiel: Was ist die Hauptidee des Textes? In welchem Kontext wird dieses oder jenes

[77] Kurz nach dem Textlesen "erblickt" normalerweise die Hauptidee des Textes wie ein Licht im Gedanken des Übersetzers.

[78] Allgemeinbildung als intralinguistisches Wissen sowie extralinguistische Kenntnisse erfordert.

[79] Falls diese Hauptidee nach dem Textlesen dem Übersetzer nicht spontan einfällt.

Wort hier gebraucht? Sollen hier situative bzw. extralinguistische Angaben zur Klärung des Wortsinnes betrachtet werden? Wird also das Wort hier im eigentlichen Sinne oder in übertragenem Sinne gebraucht? Auf diese im Gedanken lautlos gestellten Fragen muss der Übersetzer unbedingt antworten, also eine zweite Entscheidung im Übersetzungsprozess treffen, wovon das Glücken oder Missglücken der Interpretation bzw. des Sinnausdrucks eng abhängt.

Wenn die Verständnisfragen passende Antworten bekommen, dann sind diese wirklich ein fruchtbarer Boden zum passenden Sinnausdruck in der Interpretationsphase, da dabei ein am Ende des Verständnisprozesses freigelegter Wortsinn bestenfalls so stark suggeriert wird, dass er einer passenden Interpretation als Sinnausdruck freien Raum zur Entfaltung lässt, und somit das Geschick der Interpretation mit glücklichen Aussichten oder nicht determiniert. A contrario aussichtlos wäre die geplante Interpretation, wenn kein Versuch zum Verständnis, also keine Sinnfreilegung vorliege, und diesen Irrweg der Übersetzung könnte der Übersetzer mit allerlei gravierenden Sinnfehlern wie dem Unsinn und dem Widersinn gehen. Dies passiert, wenn beim Versuch zum Verständnis des Textes Verständnisprobleme mit hermetischen Texten auftreten - wie es bei sogenannten technisch bezogenen schwierigen Wörtern der Fall ist - oder ein mangelnder Kontext, das Verständnis des Textes erschwert.

Die Fragen, von denen in der verständnisbezogenen Erklärungsphase die Rede ist, sind oft lautlose Fragen im Gedanken. Ich denke dabei, jedes Wort verhält sich im Text wie ein behavioristischer Stimulus, der im Gedanken des Übersetzers eine verständnisbezogene Reaktion in

Gestalt von einer fragenden inneren Sprache[80] auslöst. Natürlich erfordert die Entfaltung des im Wort versteckten Sinnes, wie oben gesagt, dass einzelne Wörter nicht isoliert, sondern kontextuell und situativ in Bezug auf andere Wörter im Vorfeld oder im Nachfeld des betreffenden Wortes verstanden werden.

Hier muss ergänzt werden, dass die Interpretationsproblematik nicht in die Verständnisproblematik einbezogen werden kann, weil die verständnisbezogene Analysephase keine Interpretationsphase ist, die, statt den Sinn freizulegen, ihn eher ausdrückt. Im Bereich der Übersetzung kann der denkende Übersetzer nicht sprachlich wortstreu, sondern nur sinngemäß passend, also relativ sinntreu übersetzen, weil beim Versuch, den Text zu verstehen, die Hin- und Herbewegung des Gedankens immer dabei ist, die das subjektive Produkt des Verständnisses herstellt. Genau dieses subjektive Textverständnis ist unstabil, eine wirklich unsichere Frage-Antwort-Turbulenzzone, die von Fragen und Antworten aller Art ausgemacht wird. Wenn D. Maingueneau im Bereich Textverständnis von vielfältigem Wissen, vielfältigen Hypothesen, Überlegungen, vielfältiger Nichtvorherbestimmung und Unstabilität spricht, steckt hinter seiner Anmerkung - und wir sind uns darüber einig - dass das Verständnis eines Textes ein bewegtes, unsicheres Unternehmen ist: *« comprendre un énoncé, ce n'est pas seulement se rapporter à une grammaire et à un dictionnaire, c'est mobiliser des savoirs très divers, faire des hypothèses, raisonner en construisant un contexte qui n'est pas une donnée préétablie et stable »*[81].

---

[80] Innere Sprache hat mit Kognitivem zu tun und deutet auf einen Denkprozess.

[81] Dominique Maingueneau, zitiert nach Suna Timur AGILDERE : *La notion du sens dans la théorie interpretative et dans l'approche*

M. Pergnier sagt nichts anderes, wenn er vom « Stolpern » und von analytischem Hin- und Hergehen spricht:

« *Les divers stades de l'analyse menant à l'explication du signifié, s'y manifestent en effet sous la forme de la recherche d'équivalents dans un autre système de signes, et les trébuchements et repentirs successifs de l'opération manifestent les différents va-et-vient analytiques, avant que tous les éléments aient reçu leur statut définitif* »[82]

Ein richtiges Verständnis des Textes ermöglicht eine erfolgreiche Interpretation der Wortbedeutungen, hatte ich gesagt. Da Verständnisprobleme Interpretationsprobleme unmittelbar verursachen können, sind Verstehen und Interpretieren in dieser Hinsicht nicht voneinander scharf getrennt, und dies erklärt, warum beide Begriffe im Rahmen der Übersetzung üblicherweise verwechselt werden. Auf die Interpretationsfragen im Übersetzungsprozess richtet sich meine Aufmerksamkeit im Folgenden.

2.3.3.2- Die Interpretationsfragen in der Frage-Antwort-Theorie

Interpretieren hat mit der Ausgangssprache zu tun - und nicht mit der Zielsprache - heißt eben, den in der Analysephase mental tiefgehenden freigelegten Sinn jetzt genauso mental in der Interpretationsphase auszudrücken. Ich sage „auszudrücken" und nicht „ wieder auszudrücken", da ich den letzteren Terminus der Vor-Übersetzungsphase vorbehalte. Man versteht aus dieser Klarstellung, warum, meiner Meinung nach, Interpretieren

---

communicative : ses reflets sur « la traduction pédagogique », Online-Artikel : www.ankara.edu.tr/dilder, Seite am 24. Oktober 2008 geöffnet.

82 *M. Pergnier :* Traduction et théorie linguistique, *in : Etude de linguistique appliquée Nr.12, Didier, Okt.-Dez. 73, S. 36.*

nicht Übersetzen heißt, obwohl der Begriff „Ausdruck" versöhnend in beiden Begriffen zu finden ist: die Ausdrucksproblematik des Interpretierens in der Ausgangssprache ist von der Wiederausdrucksproblematik des Vor-Übersetzens in der Zielsprache zu unterscheiden. Dass man in der Interpretationsphase den Sinn mental ausdrückt, heißt, dass ein entdeckter Sinn dem Übersetzer von nun an potentiell zur Verfügung steht. Genau den Entdeckungsbegriff beim Interpretieren, d.h. „die Entfernung der Sinndecke", kann man mit dem psychoanalytischen Interpretieren bei Freud vergleichen, in dem die Rede von einem Entdeckungsakt unbewussten Sinnes ist:

Freud fait intervenir pour la première fois le terme d'interprétation dans la Traumdeutung (1900, traduit en français d'abord sous le titre de Science des rêves, puis d'interprétation des rêves). L'interprétation serait donc un acte de dévoilement du sens inconscient dans un va-et-vient permanent entre une compréhension systématique rationnelle de l'économie et de la dynamique du patient et la compréhension psychologique spécifique des singularités de l'inconscient.[83]

Als verfeinertes Resultat einer Bemühung ums Verständnis ist das Interpretieren auch zu konzipieren. Als mittlere Komponente der dreiteiligen Aufteilung Verständnis-, Interpretations- und Vor - Übersetzungsfragen gehören die Interpretationsfragen auch in die fragende Gedankensprache. In der kontrastiven Sprachwissenschaft ist dieser Begriff als Zentralfrage zum Modell des Übersetzens am heißesten diskutiert. Nachdem der Übersetzer Verständnisfragen analytisch behandelt hat, die kontextuelle bzw. situative Ideen anbelangen, steht ihm ein Leitfaden zum Sinn des Wortes zur Verfügung:

[83] Encyclopaedia universalis Nr 10, idem, S. 50.

diesen Sinn kann er jetzt heiter durchblicken und mental locker ausdrücken. In der Interpretationsphase stellt der Übersetzer Fragen wie: was ist der (kontextuelle bzw. situative) Sinn vom Wort x, y oder z? Es geht hier genau darum, jedem ausgangssprachigen Wort jetzt ohne weiteres einen Sinn zu geben, und deshalb sollen, in der Interpretationsphase, die gestellten Fragen eine klare, eindeutige Antwort bekommen. Sowieso muss der Übersetzer jetzt mental entscheiden, welcher Sinn in der virtuellen[84] Sinnmenge eines Wortes kontextuell und situativ passend auszuwählen ist. Der Sinnausdruck in der Interpretationsphase erlaubt keinen Kompromiss: ein Entweder - Oder ist es. Entweder trifft der Übersetzer, nach der Bemühung ums Verständnis, den passenden Sinn interpretativ auszudrücken oder nicht, denn solch ein Sinn soll schon in der Vor-Übersetzungsphase im Gedanken „treu" übersetzt werden. Von einer treuen Übersetzung kann aber nie die Rede sein, wenn sich der interpretative Weg dahin als Irrweg erweist, umso mehr als dieses Unternehmen durch die vorliegende Allgemeinbildung des Übersetzers subjektiv geprägt ist. Mit dieser Argumentation sieht man klarer, warum die Interpretationsphase von hochrangiger Bedeutung ist, und als solche den Linguisten erstrangig interessiert.

Auch anzumerken ist, dass solch ein interpretativer Sinn noch nicht sicher in seinem Gang ist und deshalb jederzeit noch vom interpretierenden Übersetzer selbst in Frage gestellt werden kann.

Grund dafür ist die in der Analysephase besprochene verständnisbezogene Bemühung, die sogenannte verständnisbezogene unstabile „Turbulenzzone", die den

[84] Ein virtueller Sinn ist ein solcher Sinn, der nur uncharakteristisch bezeichnet.

interpretierten Sinn in der Interpretationsphase hat entstehen lassen.

Nach einem stürmischen Textverständnis soll normalerweise eine ruhige Textinterpretation folgen, denn nach dem „Seesturm" des Verständnisses kommt normalerweise die Meeresstille der Interpretation. Nach der Hin- und Herbewegung des verstehenden Gedankens soll endlich das Heureka-Fünkchen der Interpretation leuchten, wenn der Übersetzer den passenden Sinn kurz vor dem Übersetzungsakt entdeckt hat. Genau in diesem Moment empfindet er eine seelische große Freude, genauso wie der Holzschnitzer bei seinem letzten Schnitt Freude genießt. Im Vergleich zu dem Verständnis wird die Interpretation beim Sinnausdruck im Augenblick verwirklicht (vgl. das oben erwähnte Heureka-Fünkchen), wohingegen das Verständnis wegen der besprochenen Bemühung länger dauert. Das Fünkchen der Interpretation, genauso wie das Verständnis, liegt im Gedanken des Übersetzers unstabil vor. Als gesichert angenommen wird der besprochene interpretative Sinn erst in dem geschriebenen Übersetzungsakt als praktischer Wiederausdruck des Gedankens, als praktische Übersetzungsschrift, welche Übersetzungsfragen in der Frage-Antwort-Theorie unmittelbar vorbereiten. Von solchen Übersetzungsfragen wird im Folgenden eingehender gesprochen.

2.3.3.3- Die Übersetzungsfragen in der Frage-Antwort-Theorie

Die dritte und letzte Fragenkomponente der Fragenmenge in der Frage-Antwort-Theorie nenne ich „Übersetzungsfragen". Mit Übersetzungsfragen ist die Rede von mentalen Fragen im unmittelbaren Vorfeld der Zielsprache (es wird zielsprachig übersetzt), und deshalb wird hier von „Vor-Übersetzungsphase" gesprochen. Die Verständnis- sowie Interpretationsfragen gehören in die zwei ersten Fragenarten der Fragenmenge und sind auf die Ausgangssprache bezogen, während die Übersetzungsfragen eher auf Zielsprachiges zielen. Ziel dieser Übersetzungsfragen ist es, prospektive Fragen über die zielsprachig bezogene Übersetzung des in der Interpretationsphase entdeckten und ausgedrückten Sinnes zu stellen. In der Vor-Übersetzungsphase wird der in der Interpretationsphase ausgangssprachig entstandene Sinn im Gedanken des Übersetzers zielsprachig passend wieder ausgedrückt und in einer grammatisch korrekten Form immer noch im Gedanken festgelegt. Übersetzungsfragen deuten auf die Brücke zwischen Ausgangssprache und Zielsprache. Genau durch diesen Übergangspunkt erzielt der Übersetzer, in seinem Gedanken, die Übertragung vom ausgangssprachigen Wortsinn in den zielsprachig bezogenen Übersetzungsakt, wobei er die formale „Verpackung“ des Wortes grammatisch zielsprachig festlegt. Somit wird theoretisch klargestellt, dass der Übersetzungsakt nicht unmittelbar nach der Interpretation erfolgt, sondern den Übergang von Übersetzungsfragen erfordert.

In dieser Vor-Übersetzungsphase lautet die Problematik also ganz klar: wie soll der Sinn in der Zielsprache wieder ausgedrückt werden? Wie soll der ausgedrückte Sinn formal wörtlich aussehen? Diese Phase ist in der Übersetzung eine hochkritische Phase, denn es soll übersetzungsmäßig auf die jeweiligen Fragen so gut wie möglich geantwortet werden. Diese Antworten entsprechen jeweils einer passenden Entscheidung. Wiederausdruck des Sinnes und Formfestlegung erfordern jeweils entsprechende Kompetenzen: der Übersetzer muss dazu fähig sein, den ausgangssprachigen Sinn mental mit der richtigen grammatischen Form in der Zielsprache wieder auszudrücken. Was konkret in dem wieder ausdrückenden Übersetzungsakt passiert, wird im kommenden Ausschnitt dargelegt.

2.3.4- Der Begriff „Übersetzen“ im Übersetzungsprozess: der Übersetzungsakt in der Frage-Antwort-Theorie.

Interpretationsfragen werden auf der Ebene der Ausgangssprache gestellt, während mentale Übersetzungsfragen in der Vor-Übersetzungsphase unmittelbar vor dem Übersetzungsakt prospektiv gestellt werden. Als unmittelbare Frucht wirkender mentaler Übersetzungsfragen liegt also der Übersetzungsakt vor.

Übersetzen heißt, den schon mental interpretierten Sinn eines Wortes von einem Ausgangstext in einen Zieltext schriftlich praktisch wieder auszudrücken, und deshalb stellt sich der Übersetzer, in der Vor -Übersetzungsphase, Fragen zum Wiederausdruck des Sinnes, welcher mit treffender Formfestlegung erst in der Übersetzungsphase verwirklicht ist. Der Übersetzungsakt erfordert also Vorfragen und ist der praktische Teil des Übersetzungsprozesses, denn Sinn und Form des Geschriebenen sind schon aus dem Filter der oft stürmischen inneren bzw. mentalen Fragen erdacht worden und bekommen jetzt einen endgültigen und deshalb hochwertigen Übersetzungsstatus durch den Übersetzungsakt. Ich sage anders, dass der Übersetzungsakt, als Resultat der dreiteiligen mentalen Sprache (mit Verständnis-, Interpretations- sowie Übersetzungsfragen), die praktische Hauptantwort auf die „stillen“ Teilantworten der mentalen Sprache ist: als solcher sieht der Übersetzungsakt wie ein Sammelbecken aus, in den alle diese Teilantworten zusammenfließen. Hier wird der Sinn zielsprachig schriftlich festgelegt, schriftlich übersetzt. Es leuchtet ein, dass die Übersetzungsqualität die Merkmale der Vorphasen notwendigerweise in sich trägt. Der Übersetzungsakt erfordert eine Schreibkompetenz, was übrigens das Übersetzen vom Dolmetschen tiefgreifend unterscheidet. Nachdem ich die vorgeschlagene Frage-Antwort-Theorie umfassend dargestellt habe, versuche ich sie zum klaren besseren Verständnis zu schematisieren.

2.3.5.- Die Frage-Antwort-Theorie schematisiert

Im Übersetzungsprozess geschieht theoretisch die Interpretation (mit Interpretationsfragen) genau drittrangig nach dem Textlesen und dem Textverständnis, hat somit in ihrem näheren Nachfeld mit Übersetzungsfragen zu tun. In dieser Interpretationsphase hat der Übersetzer zur Pflicht, den Sinn des Wortes zu entdecken, den er zur passenden Übersetzung verwendet. Das bedeutet in der Konsequenz, Interpretieren hat sicher mit dem Übersetzungsverfahren zu tun, heißt aber durchaus nicht übersetzen, denn ausgangssprachiger Sinnausdruck ist keinerlei zielsprachiger Sinnwiederausdruck. Es kommt beweiskräftig hinzu, dass zwischen Interpretieren und Übersetzen eine mentale Übersetzung unterscheidend vorliegt. Gesagt hatte ich, dass beim Interpretieren Subjektives dabei ist, aber Subjektives heißt hier nicht Gefühlsausgießung, sondern die Neigung des übersetzenden Subjekts, auf der Basis seiner Mikro- und Makrokultur, individuell geprägte Überlegungen in Gang zu setzen. Erst nach der mentalen Übersetzung zum Wiederausdruck des Sinnes erfolgt die Übersetzung zum „Setzen des Sinnes“ durch den Übersetzungsakt. Eine andere Reihenfolge im Übersetzungsprozess wäre hier nicht möglich. Wie die ganze Sache im Lichte der vorgeschlagenen Frage-Antwort-Theorie als pragmatisches Modell des Übersetzens verläuft, kann wie folgt schematisiert werden:

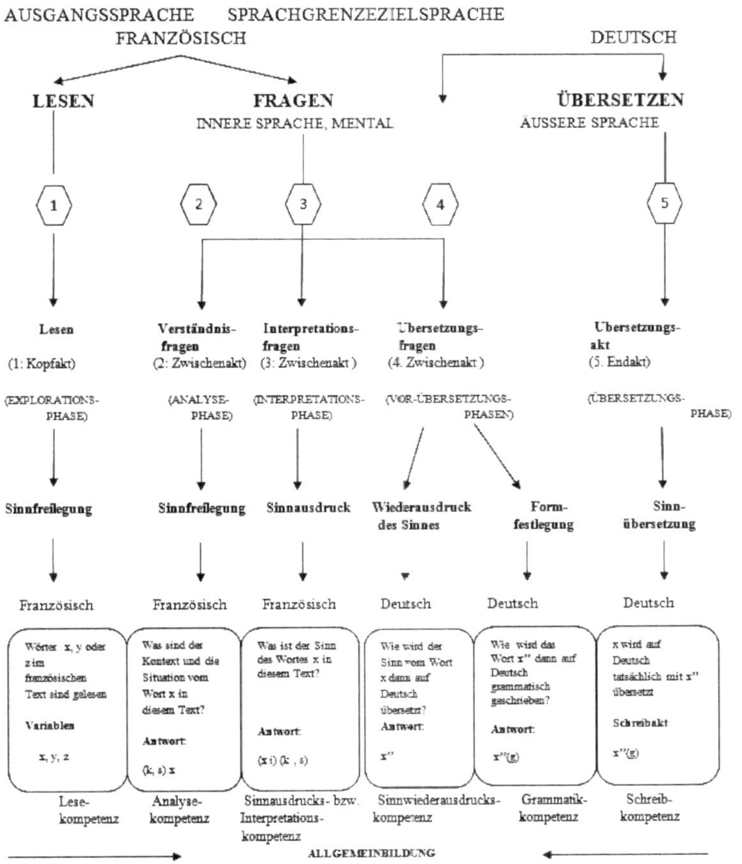

SCHEMA 2
Modell des Übersetzens im Lichte der Frage-Antwort-Theorie

Anmerkung

01: x, y, oder **z** sind potentielle ausgangssprachliche Wörter, die hier als finite Variablen gelten

02: Mit der Antwortsformel (k , s) **x** meine ich den Kontext (k) und die Situation (s) des Wortes **x**

03: Mit der Antwortsformel (x i) (k , s) meine ich den aus dem Französischen interpretierten Sinn „i" vom Wort **x**, kontextuell (k) und situativ (s) bezogen.

04: Mit der Antwortsformel **x''** meine ich die mentale Übersetzung des interpretierten Sinnes durch das Wort **x''** (auf Deutsch)

05: Mit der Antwortsformel **x''**(g) in der Vor-Übersetzungsphase meine ich das deutsche Wort **x''** bezogen auf die Grammatik.

06: Mit der Formel **x''**(g) in der Übersetzungsphase meine ich einfach das Gleiche wie unmittelbar oben erklärt, nur geht es hier nicht mehr um mental Nichtgeschriebenes, sondern um praktisch Geschriebenes.

Im vorliegenden Schema sieht man ganz klar, wie das vorgeschlagene pragmatische Modell des Übersetzens aus fünf Akten besteht, die größtenteils Fragen sind, welche mentale Antworten im Gedanken erfordern: daher die Benennung Frage-Antwort-Theorie. Die pragmatischen Akte entsprechen sechs Kompetenzen auf Kulturbasis: Lesekompetenz, Analysekompetenz, Sinnausdrucks- bzw. -Interpretationskompetenz, Wiederausdruckskompetenz, Grammatikkompetenz, Schreibkompetenz.

ZWISCHENFAZIT

Ich habe hier zu zeigen versucht, wie die pragmatische Übersetzung die Natur der natürlichen „kommunikativen verständnisbezogenen Sprache“ passend ausdrückt und somit die Debatte zwischen Ausgangssprachlern und Zielsprachlern hoffentlich löst. Die Ausgangssprachler, die alle Kräfte versammeln, die Treue in der Übersetzung trotz sprachnatürlicher Inkompatibilität zu verteidigen, sollen das Problem der Treue in der Linguistendebatte beiseitelassen und sich damit abfinden, dass man ausgangssprachige Ideen über die Sprachgrenze hinaus nur zielsprachig passend - und nicht ausgangssprachig treu-übersetzen darf.

Das Motto heißt hier, nützlich zu übersetzen, und nützlich übersetzen kann man nur, wenn man anstatt rein sprachliche Angaben einer sogenannten sakralisierten Sprache zu bevorzugen, eher die Idee bzw. den Sinn - und nicht das Wort - kraft des Verständnismottos pragmatisch passend in der Zielsprache wieder ausdrückt. Soweit nicht außerhalb der Kommunikationsproblematik konzipiert, wird die Übersetzung im Mittelpunkt der menschlichen Aktivität stehen und zur Globalisierung vorteilhaft beitragen. Wenn pragmatisch übersetzt werden soll - wie meine Stellungnahme es klar macht - drängt also auf die Frage zu antworten, wie sich dieses Modell theoretisch prozessual verläuft. Dafür schlage ich den Weg der Übersetzung im Lichte der Frage-Antwort-Theorie als kognitiven pragmatisch bezogenen Modells vor.

Für dieses Modell habe ich argumentiert zum Zeigen, wie der Übersetzungsprozess vom Textlesen zum Übersetzungsakt abläuft. Das Neue bei diesem Modell ist, dass der Übersetzungsakt, in seinem Vorfeld, den Übergang von einer dreiteiligen Fragenkonstellation erfordert, die mental vorliegt, und die sich prozessual kognitiv auf das Verständnis, das Interpretieren, und eine mentale Übersetzung bezieht. Damit wird klargestellt, dass in dem Übersetzungsprozess der Interpretationsbegriff nicht mehr in den Vordergrund kommt, dadurch, dass Interpretationsfragen als Unterbegriff mentaler Fragen gelten, welche passende Antworten zur gleichermaßen passenden Übersetzung erfordern: nur wenn der Übersetzer, seinem Sprachgefühl entsprechend verfährt, das heißt, wenn er unmittelbar, ohne Rückgriff auf seinen fragenden Verstand übersetzt, so benötigt er nicht mehr diese Frage-Antwort-Beziehung zum schriftlich praktischen übersetzungsbezogenen Gedankenausdruck. Festzustellen ist auch, dass die Linguisten nicht genau wissen, wie der Übergang vom Interpretieren zum Übersetzen erfolgt. M. Rochard sagt es ganz klar, wenn er von „boîte noire", der sogenannten „schwarzen Büchse"[85] spricht. Auf diese Fragestellung habe ich auch bahnbrechend mit den mentalen Übersetzungsfragen in der vorgeschlagenen Frage-Antwort-Theorie geantwortet.

Zwar gibt es Allgemeinbildung als Stützpunkt der Übersetzung in dem Übersetzungsprozess. Zwar gibt es einen sogenannten „idealen" Übersetzungsweg zum Ausdruck dieser Allgemeinbildung, und dies mit plausiblen Ergebnissen. Irrwege sind trotzdem vorhanden,

---

[85] *« L'un des problèmes les plus complexes de la traduction réside dans le lien entre compréhension et réexpression. Même si l'on considère le processus de traduction de façon linéaire (on lit le texte en entier, on comprend le texte, on le réexprime dans sa langue maternelle), on ne sait pas comment se fait la bascule de la compréhension à la réexpression. Dans ce domaine, les théories de la traduction sont très vagues : c'est la boîte noire »,* vgl. M. Rochard : Cours d'introduction à la méthodologie de la traduction, Online-Artikel : http://pagesperso-orange.fr/michel.rochard/méthodologie.pdf, Seite am 24. Oktober 2008 geöffnet.

die andere Stützpunkte haben, durch die eine angegebene fehlerhafte Übersetzung erklärbar vorliegt. Genau diese Mechanismen, die des fehlerhaften Ausdrucks der Übersetzung, werden in diesem Buch auch untersucht. Der Widersinn ist einer dieser Irrwege, eine Fehlerart, deren Mechanismen folgenderweise aus linguistischer Sicht dargestellt werden.

Kapitel 3

Der Irrweg "Widersinn" und dessen Mechanismen als fehlerhafter Ausdruck der Übersetzung: eine Analyse aus linguistischer Sicht

Dans le courant prévalant de la linguistique et de la philosophie du langage contemporaines, on n'a jamais consacré au contresens et à ses conditions structurales une attention positive : il a été considéré davantage comme la marge chancelante aux confins du non-sens que comme un domaine du sens dont l'étude peut contribuer à éclairer les conditions de signifiance des formes linguistiques complexes.

(Michèle Prandi)[86]

Es kommt manchmal vor, dass der Übersetzer dabei scheitert, eine Harmonie zwischen Ausgangssprache und Zielsprache zu schaffen. Aus diesem Misserfolg können Fehler entstehen, unter denen der Widersinn zu nennen ist. Nicht zu vergessen, dass die Übersetzung[87] theoretisch

[86] M. Prandi, sémantique du contresens, les éditions de minuit, Paris, 1987, Seiten 7-8.

[87] *„Gedolmetscht und übersetzt wird seit Jahrtausenden; das hat die archäologische und historische Forschung bewiesen... Auch schriftliche Sprachmittlung, d.i. Übersetzung, ist schon sehr früh belegt. Im alten Babylon gab es vor ca. 4000 Jahren sogar schon eine Art Wörterbuch (Summerisch-Akkadisch) als Hilfsmittel für die Übersetzer. Auch in der Bibel finden wir zahlreiche Bezüge auf die Sprachmittlung.*", in: U. Kautz, ebenda, S. 29.

sowie praxisbezogen die ewige Frage der Treue[88] stellt. Fehlerhaftes sowohl beim Wiederausdruck[89]des Sinnes (hier beim Widersinn als Fallbeispiel) als auch bei der Grammatik[90] ist in der pädagogischen Übersetzung[91] von den Studenten als Schreckbild hochbefürchtet. Grund dafür ist, dass der Übersetzungsweg ein steiler Felsenweg ist, auf dem der Übersetzer ab und zu wegen Verständnisprobleme oder mangelnder Grammatikkenntnisse über Übersetzungssteine stolpert. Im vorliegenden Kapitel wird genau geplant, den Übersetzungsstein genannt „Widersinn" näher zu prüfen, indem zunächst einmal versucht wird, Begriffe zum Thema "Widersinn" zu klären. Dann versuche ich den

---

[88] Behandelt wird die heikle Frage der Treue in meinem Artikel betitelt „*Der Begriff der Treue in der Übersetzung. Allgemeine Erwägungen und sprachwissenschaftliche Analysen*", in: J. Abo Kouamé, Revue Langues et littératures Nr. 8, Universität Gaston Berger, Saint Louis, Senegal, Januar 2004, Seiten 253-274.

[89] Der Sinn wird in der Ausgangssprache ausgedrückt und in der Zielsprache statt formell richtig wiedergegeben (wie manche linguistische Arbeiten es zu Unrecht verstehen geben) eher sprachnatürlich bzw. kommunikativ passend wieder ausgedrückt. In: "*La traduction: transcoder ou réexprimer*", Etudes de linguistique Appliquée Nr. 12, Didier, Paris, 1973, erklärt M. Lederer, meines Erachtens beweiskräftig, warum dieser Terminus in der Übersetzung völlig am Platze ist. Warum ich, wie Lederer, in meinen wissenschaftlichen Arbeiten vom Wiederausdruck des Sinnes vorzüglich spreche, findet in meinem oberen Artikel einen Ehrenplatz.

[90] In der Übersetzung vom Französischen ins Deutsche bereiten der Satzbau sowie die Beugung den Studenten so viele Schwierigkeiten, dass ihre manchmal mit groben Fehlern behaftete Übersetzung semantisch nicht mehr zugänglich ist. Dies weiß ich aus langjähriger Praxis der Übersetzung mit Studenten des ersten Jahrgangs im Seminar an der Germanistikabteilung der Universität Cocody-Abidjan.

[91] Im Gegensatz zur beruflichen Übersetzung ist mit pädagogischer Übersetzung die Übersetzung als Klassenarbeit gemeint.

Widersinn zu typisieren und die Mechanismen dieses oft auftretenden Übersetzungsfehlers schließlich zu verstehen.

3.1- Begriffsklärung zum Thema "Widersinn"

Hier werden die Begriffe "Sinn" und "Widersinn" zur nachkommenden Analyse hilfreich geklärt.

3.1.1- Zum Verständnis des Begriffs „Sinn" in der Auffassung der Übersetzung.

Der Umgang mit dem Widersinn in der Übersetzung setzt das Verständnis des Begriffs „Sinn" unbedingt voraus. An und für sich entsteht Sprache nicht ex nihilo, sondern aus der Not, dem Kommunikationspartner eine Botschaft zu übermitteln. In der Übersetzung ist im Prinzip diese zwingende Realität der menschlichen Natur gleichermaßen dabei. Deshalb ist es notwendig, dass beim Übersetzen eines Wortsinnes[92], die Frage immer gestellt wird, was der ausgangssprachig Sprechende als Textverfasser meint, ausdrücken will: nur die Beantwortung dieser Fragen bedingt das erfolgreiche Wiederausdrücken des Gemeinten in der Zielsprache, durch die vermieden wird, dass ein Kommunikationsabbruch zwischen Sprecher und Rezipienten besteht. Wie kann aber solch eine wichtige Frage beantwortet werden, wenn ein isoliertes[93]

---

[92] Übersetzt wird der Sinn, nicht das Wort.

[93] *„Wir kommunizieren nicht in Wörtern, sondern in Sätzen und Texten. Ein isoliertes Wort, mit einer kommunikativen Absicht ausgesprochen, ist nicht mehr nur ein Wort, sondern ein Satz, vgl.: Feuer!, Morgen?, Peter!*", in: H.-D. Fischer/H. Uerpmann, Einführung in die deutsche Sprachwissenschaft. Ein Arbeitsbuch, Ehrenwirth Verlag, München, 1990, S. 74. Hier geht es um die so genannten „Ein-Wort-Sätze", durch die die pragmatische Funktion der Sprache angedeutet ist. Zwar steht das Wort „Feuer!"

kontextloses Wort steht? Denn ein derartiges Wort bezieht sich auf einen problematischen Referenten[94], den es mehrdeutig beschreibt, indem dabei auf potentielle semantische Merkmale[95] so hingewiesen wird, dass die Bedeutung des betreffenden Wortes als Sinnkomplex nicht mehr zugänglich ist. Dieser Sinnkomplex wird in der Linguistik als „Seme[96] bezeichnet. Die Seme werden in

---

graphemisch isoliert, pragmatisch kommunikativ aber ist die Rede von einem elliptischen Satz (vgl. z.B. „Feuer kommt aus dem oberen Stockwerk!“) mit dem illokutiv Vorsichtigkeit empfohlen Wird.

94 Referent oder wirkliches Objekt: O. Ducrot / T. Todorov sprechen in « Dictionnaire encyclopédique des sciences du langage» (idem, S. 133) von « objet réel » / "wirkliches Objekt". J. Picoche spricht ihrerseits von wirklichem oder imaginärem außersprachlichem Objekt : « *Quant à la référence, c'est la relation, toujours indirecte, qui se trouve créée entre son signifiant et l'objet réel ou imaginaire, extra-linguistique, dont parle l'auteur et qu'on appelle référent.* », in : J. Picoche, Précis de lexicologie française, Nathan, Millau,1983, S. 64.

95 Semantisches Merkmal nennt man auch semantischen Zug. Nach H. Gross geht der Gebrauch des Wortes Semantik auf Bréal zurück: „*Den Begriff Semantik gibt es erst seit 1897 (Bréal: Essai de sémantique), aber schon seit je haben sich die Philologen und Sprachwissenschaftler mit der Bedeutung beschäftigt, im 19. Jahrhundert vor allem historisch orientiert.*“, in: H. Gross, Einführung in die germanische Linguistik, iudicium Verlag, München, 1988, S. 98.

96 „*Die Merkmalsemantik oder Komponentenanalyse geht nun von der Voraussetzung aus, dass die wörtlichen Bedeutungen von sprachlichen Ausdrücken nicht Atomare, nicht weiter analysierbare Einheiten sind, sondern in elementare Bestandteile zerlegt werden können. Diese elementaren Bestandteile werden semantische Merkmale, semantische Komponenten oder Seme genannt.*“, in: J. Meibauer, Ü. Demske et. al., Einführung in die germanische Linguistik, J. B. Metzler, Stuttgart, 2002, S. 184. Oder auch: „kleinste semantische Einheit.“ (vgl. M. Schwarz / J. Chur, Semantik. Ein Arbeitsbuch, idem, S. 223).

der Semasiologie[97] durch die Komponentenanalyse[98] ans Licht gebracht. Jedes Inhaltswort[99] verfügt über spezifische bzw. charakteristische semantische Merkmale und / oder unspezifische bzw. uncharakteristische semantische Merkmale, die die beschriebenen Referenten mehrdeutig machen. Genau diese Mehrdeutigkeit des isolierten Wortes erfordert, dass jede Übersetzung voraussetzt, dass sich das Wort mindestens ins syntaktische Wortfeld -im besten Fall in den Text - miteinbezieht, damit die anderen umgebenden Wörter das betreffende Wort Kontextuell klären, während die potentiellen Merkmale des Wortes kontextuell reduziert werden und somit den eindeutigen semantischen Status des Wortes im Satz sichern. Solch ein Wort belegt konsequent eine bestimmte syntaktische Stelle, wird unter dem Einfluss der anderen Wörter aus seinem Vor- und Nachfeld regelrecht dekliniert und dessen Sinn kann jetzt „still" übersetzt werden.

---

97 Die synonyme Beziehung zwischen Semasiologie und Semantik ist von Jean François Phélizon wie folgt stigmatisiert: *„sémasiologie: synonyme de sémantique."*, in: J. F. Phélizon, vocabulaire de la linguistique, Verlag Roudil, Paris, S.198. Nach P. Guiraud in seinem Werk „Sémantique" ist das Wort Semantik dabei, das Wort Semasiologie zu verdrängen: *„sémantique est entrain de supplanter sémasiologie"*, in: P. Guiraud, zitiert von J. F. Phélizon, idem, S. 198.

98 Auch Merkmalanalyse oder Semanalyse genannt

99 *„ Nicht alle Ausdrücke unserer Sprache sind geeignet, um auf Dinge zu referieren. Wir müssen zunächst einmal unterscheiden zwischen den Inhaltswörtern und den Funktionswörtern unserer Sprache: Funktionswörter (auch: grammatische Wörter) wie Konjunktionen (und, weil), Präpositionen (auf, an) und Adverbien (bald, sehr) drücken Relationen aus Sachverhalten aus, referieren aber nicht direkt auf einzelne Dinge, Zustände oder Vorgänge. Inhaltswörter wie Baum, Vase, Regenschirm dagegen können benutzt werden, um auf Objekte der außersprachlichen Welt Bezug zu nehmen"*, (vgl. M. Schwarz / J. Chur, ebenda, S. 83.)

Durch eben Gesagtes kann ohne besondere Schwierigkeiten verstanden werden, warum nicht das Wort, auch nicht dessen Bedeutung, sondern eher dessen Sinn übersetzt werden kann.

Anzumerken ist außerdem, dass die Bedeutung eines jeden Wortes in seiner Definition erhältlich ist. Die Bedeutung des Wortes „Baum" könnte zum Beispiel definitionsartig so lauten: „Der Baum ist ein lebendiges Wesen mit Wurzeln, Saft, Stamm, Zweigen, Blättern…". Diese Definition weist auf die vielseitige Bedeutung des Wortes „Baum" mit den Bedeutungskomponenten „Leben, Wesen, Wurzeln, Saft, Stamm, Zweige, Blätter" die den Sinnkomplex von „Baum" ausmachen, was folgenderweise schematisiert werden kann:

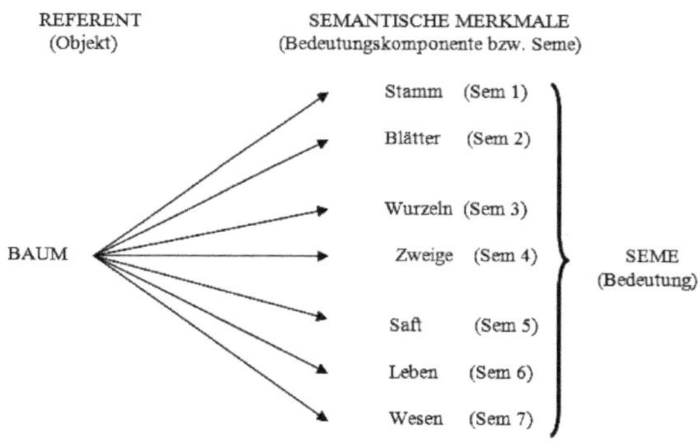

SCHEMA 3
Einige semantische Merkmale bezogen auf den Sinnkomplex des Wortes „Baum" im Deutschen

Wenn der Sinn des Wortes „*arbre*" in dem Satz „ *Cet arbre a un dense feuillage*" auf Deutsch, ohne einmal zu zögern, mit dem Wort „*Baum*" kontextuell (das Wort „feuillage / Blätter" aktualisiert hier eines der Merkmale bzw. Seme des Wortes „Baum") und situativ passend übersetzt werden kann, ist es, weil die Deutschen und die Franzosen dabei denselben Referenten bzw. dasselbe

Objekt im eigentlichen Sinne meinen, und dies zeigt uns das untere Pfeilschema:

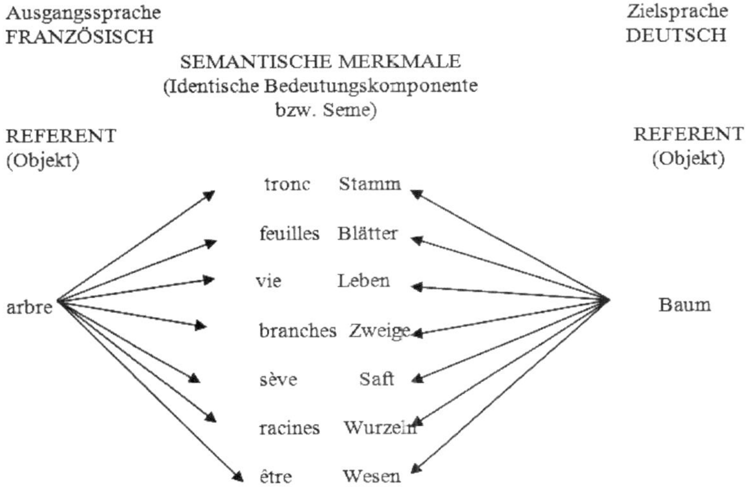

SCHEMA 4
Vergleich der semantischen Merkmale aus dem Sinnkomplex der Wörter „arbre“ (im Französischen) und „Baum“ im Deutschen

Betrachten wir auch folgenden Beispielsatz zur Klärung der oberen Analyse:

La traduction faite par Zagbayou, mon condisciple, est *pleine de sens*

übersetzt durch ⇩

Die Übersetzung von Zagbayou, meinem Kommilitonen, ist ***sinnvoll***

Übersetzt wird hier vom Französischen ins Deutsche. Wenn ich den Ausdruck „pleine de sens“ jetzt betrachte, merke ich an, dass sich die Übersetzung des Sinnes dieses Ausdrucks dem Kontext „traduction / Übersetzung“ anpassen soll, damit treu wie möglich übersetzt wird: ich sage nicht treu, sondern treu wie möglich. Auch kann ich feststellen, dass das Wort „Zagbayou“ auf einen ivorischen Eigennamen hinweist, was übrigens auf eine situative bzw. pragmatisch soziologische Angabe deutet. Als Eigenname passt sich dieses Wort dem oben erwähnten Kontext an, da das Wort „traduction", hier in seinem semantischen Feld rechts, den Gebrauch eines (lebendigen) Wesens benötigt, eine semantische Forderung, die der Gebrauch des Menschennamen „Zagbayou" als Agens zusammen mit dem Wort „condisciple // Kommilitone" kontextuell aktualisiert. Genau das Wort „condisciple", das den menschlichen Status von „Zagbayou" eigentlich verstärkt, schließt z. B. aus, dass das Wort „Zagbayou" ein Computername sein kann, denn Computer sind auch übersetzungsfähig, nur können sie nicht dem Kreis von Kommilitonen angehören, ohne gegen den menschlichen Verstand zu stoßen. L. Sfez meint es richtig, wenn er sagt, dass sich Sprachlosigkeit durch Seelenlosigkeit bei Tieren sowie bei Maschinen erklären lässt: « *L'homme parle. L'animal ni la machine ne le peuvent... A cause, il est vrai, de la structure de leur cerveau respectif et non de leur âme.* ».[100]

Auf der Basis dieser kontextuell- und situativ bezogenen Betrachtungen wird das Bedeutungsfeld des Ausdrucks „pleine de sens" enger, sogar eindeutig. Die semantischen Merkmale, die dem Bedeutungsfeld des Ausdrucks „pleine de sens" kontextlos angehörten (vgl. verstandmäßig, gefühlsmäßig, sittlich, sinnvoll, richtungsbezogen...), sind hier kontextbezogen filtriert bzw. ausgewählt, und daraus bekommen wir exklusiv den Sinn „sinnvoll", der hier den Sinn des Ausdrucks „ pleine de sens" passend übersetzt.

Wir sahen mit dem ivorischen Eigennamen „Zagbayou", dass nicht nur intralinguistischer semantisch und grammatisch bezogener Kontext, sondern auch

[100] L. Sfez, Critique de la communication, Seuil, Paris, 1988, S. 204.

extralinguistische pragmatische Situation dazu beitragen, den Sinn eines Wortes deutlich zu machen. Dabei wird der Sinn in Anlehnung an einen bestimmten Referenten aufgefasst, und das Problem liegt hier daran, wie der Referent als Objekt in der Umgebung des Menschen ausgangssprachig verstanden und zielsprachig übersetzungsmäßig so verständlich wie möglich wieder ausgedrückt werden kann: hinter jeder Sprache steckt eine Volkskosmogonie[101], die die Übersetzung passend lenken soll, genauso wie die Übersetzung von kontextbedingten Angaben vom Kontext passend gelenkt wird.

Auf dieser Realität beruhend, wird der Begriff „Stärke" in dem Satz *„Dieser Bauarbeiter ist baumstark*" auf Deutsch analogisch sinnübertreibend, vor allem idiomatisch passend durch den Ausdruck „baumstark" mit dem Referenten „Baum" ausgedrückt, während der gleiche Begriff auf Französisch unter denselben Umständen an den „Bullen" idiomatisch komparativ so referiert, dass die Übersetzung von „baumstark" ins Französische durch *„fort comme un taureau*" passend vorliegt: die Übersetzung durch *„fort comme un arbre*" wäre im Französischen nicht idiomatisch und würde deshalb den Referenten *„arbre*" absurd beschreiben. Dass die Referenten Baum und Bulle über die Sprachgrenze

[101] Volkskosmogonie verstanden als Weltauffassung. Den Zusammenhang zwischen Sprache und Weltauffassung erklärt H. Arens wie folgt: *„...jedem Volk ist in seiner Sprache eine Weltauffassung niedergelegt, und wir müssen jetzt sagen seine Weltauffassung, wie sie in den Schicksalen der Sprachgemeinschaften, ihrer geographischen und geschichtlichen Lage, ihren geistigen und äußeren Bedingungen Gestalt gewonnen hat. Sowenig all diese Umstände für zwei Völker gleichartig sind, sowenig kann in zwei Sprachen das Weltbild...das gleiche sein. Nichts ist inniger mit dem Schicksal eines Volkes verbunden als seine Sprache...*", in: H. Arens, ibd., S. 535.

hinaus referentiell unterschiedlicher Natur sind, kann folgendermaßen schematisiert werden:

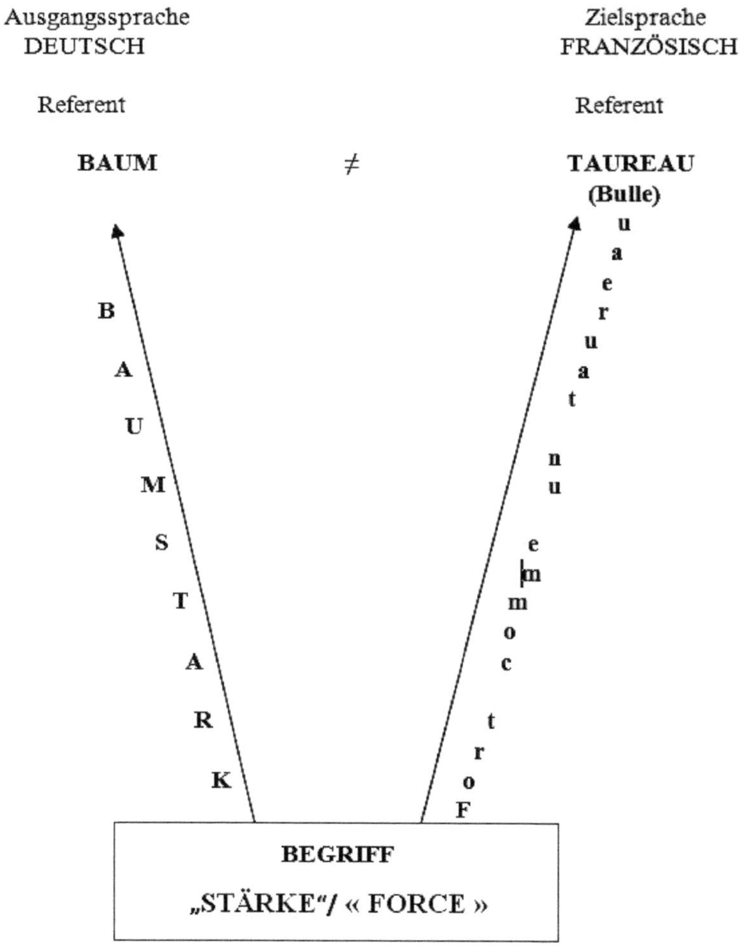

SCHEMA 5

Vergleich der Referenten des Begriffs „Stärke" (im Deutschen) und „Force" (im Französischen)

Die Referenten „Baum“ (aus dem Deutschen) oder „Taureau“ (aus dem Französischen) liegen auf diesem Schema unterschiedlich vor, haben jedoch den gleichen begrifflichen Ausgangspunkt (vgl. „Stärke“), aus dem sich der linke und der rechte Pfeil verzweigen.

Der Sinn des deutschen Ausdrucks *„Es herrscht eine Hundskälte“* wird auf Französisch idiomatisch gleichermaßen verstärkend, aber referentiell unterschiedlich mit dem Ausdruck *„Il fait un froid de canard“* übersetzt, wobei die Deutschen und die Franzosen durch die jeweiligen Referenten „Hunde“ und „Ente“ das Stück Welt „Kälte“ anders beschreiben, unterschiedlich auffassen. In der Mechanik wird der Sinn des Wortes „Nockenwelle“ (auf Deutsch) anders auf Französisch durch den Ausdruck „arbre à came“ wieder ausgedrückt, wobei die jeweiligen Referenten „Welle“ und „Baum“ anders aussehen.

Zwar bringen intralinguistische sowie extralinguistische Parameter den Sinn notwendigerweise ans Licht, aber zu wissen ist auch, dass der Umgang mit der Übersetzung das Verständnis voraussetzt, dass der ausgangssprachige Sinn zielsprachig nie ausschöpfend einwandfrei wieder ausgedrückt werden kann, da die grammatischen Forderungen sowie die semantischen Realitäten des Übersetzten und des Übersetzenden nie gleichklingen. Soweit wird der Sinn kontextuell und situativ freigelegt.

Diese Analyse gibt insbesondere zu begreifen, dass man nicht wortwörtlich übersetzen darf[102], und dass beim

[102] P. Blumenthal hat eine andere Ansicht, wenn er bezüglich der Übersetzung des Titels „Sprachvergleich Deutsch-Französisch“ folgendes schreibt: *„Und warum wäre im Französischen die Übersetzung* comparaison allemand-français *ganz ausgeschlossen? Die französischen Formulierungen solcher Buchtitel folgen meist dem Muster von* Grammaire comparée de l'allemand et du

Übersetzen der eigentliche Sinn und der bildliche Sinn in Betracht gezogen werden müssen, damit passend übersetzt wird.

Auf dem Wege zum Verstehen des Widersinnes habe ich den Sinn dieses Begriffs durch das Verständnis des Begriffs „Sinn" freizulegen versucht, denn der Widersinn als Fehlaktualisierung des Sinnes ist den Forderungen der Sinnauffassung gleichermaßen unterzogen. Diese Idee will ich in den kommenden Zeilen spezifizieren und weiter entwickeln, indem versucht wird, den Widersinn an und für sich zu klären.

3.1.2- Zum Verständnis des Begriffs „Widersinn" in der fehlerhaften Übersetzung.

Das Verständnis des Widersinns ist ein weites Feld. Zum Begreifen dieses Themas werde ich, nach allgemeinen Erwägungen, diesen Fehler als sinntragende Angabe besprechen und ihn dann zu typisieren versuchen. Zuletzt behandle ich den Widersinn in Bezug auf den falschen Sinn zur Klärung der semantischen Grenze beider Angaben, was zugleich zu tieferem Verständnis des Begriffs „Widersinn" beiträgt.

---

français. *Soll man sich nun mehr über die syntaktische Struktur des deutschen Titels oder über die Unmöglichkeit einer „wörtlichen" Übersetzung wundern? Wer sich wundert, findet etwas anormal - aber wo liegt der Maßstab für eine Normalität, die für das Deutsche und Französische in gleicher Weise verbindlich wäre?*", in: P. Blumenthal, Sprachvergleich Deutsch-Französisch, Niemeyer, Tübingen, 1987, S. 1.

3.1.2.1-Allgemeine Betrachtungen zum Verständnis des Begriffs "Widersinn"

Der Übersetzer bestrebt durch den Übersetzungsakt, die Ausgangssprache semantisch sowie formal morphosyntaktisch in der Zielsprache[103] so gut wie möglich wieder auszudrücken, und dabei versucht er konsequent den geringsten fehlerhaften Sinnabstand zu vermeiden. Trotzdem kann er bei diesem Unternehmen scheitern, indem zum Beispiel ein Widersinn (oder eine Sinnlosigkeit im übelsten Fall) vorkommt. Erste Gruppe von Hypothesen seitens des Textes könnten der Hermetismus des Kontextes und mangelnde kontextuelle Angaben sein, die bei relativ „schweren" Wörtern den Zugang zur passenden Übersetzung erschweren. Zweite Gruppe von Hypothesen seitens des Übersetzers könnte entweder die Verkürzung seiner „Deutschkenntnistasche" ums Rudimentäre, oder mangelndes Sprachgefühl sein, ein Mangel, der den unmittelbaren sicheren Gang zur passenden Übersetzung versperrt. Auf jeden Fall ist der Übersetzer mit objektiven schwierigen oder vermutlich schwierigen Wörtern konfrontiert. Trotzdem muss er übersetzen, also seinen Status hic et nun übernehmen und dabei die Kunstregeln der Übersetzung beachten. Unter solchen Bedingungen sind üblicherweise Übersetzungsfehler vielfältiger Art vom Dozenten erwartet, unter denen der Widersinn öfters zu nennen ist. Dass der Übersetzer fehlerhaft, also hier widersinnig übersetzt, liegt daran, dass zwei Pole, der Textschreiber und der Textübersetzer, unterschiedliche Personen mit ihrer eigenen Subjektivität, ihrer eigenen Persönlichkeit, ihrer eigenen Individualität sind. Nun aber soll der Übersetzer gegen seine Subjektivität kämpfen, damit

[103] Hier, im Rahmen der vorliegenden Arbeit, die Sprache Goethes oder die von Moliere.

objektiv übersetzt wird. Nicht immer tut er das erfolgreich, und wenn er widersinnig übersetzt, ist das überhaupt nicht akzeptierbar, kann man es trotzdem verstehen, weil der Übersetzer nicht der ausgangssprachig Textschreibende ist, der den Sinn der Wörter im eigenen Text übersetzt. Er interpretiert nur, und als Sinninterpret ist er potentiell entweder dem Scheitern oder dem Erfolg so unterlegen, dass die Aktualisierung des Scheiterns, hier durch den Widersinn, prinzipgemäß kein Erstaunen hervorbringen soll.

Auch wirft das Verständnis des Begriffs „Widersinn“ allgemein ein Logik- bzw. ein Wahrheitsproblem auf: zwischen dem Sinn der Ausgangssprache, der „sagt“, und dem zielsprachigen Widersinn, der „widersagt“, wer hat Recht? Wo steht die „Wahrheit“? Es sind dort Prinzipfragen in dem Gebrauch der Menschensprache aufgeworfen. Die Sprache hat grundsätzlich eine Beschreibungs- bzw. Abbildungsfunktion und auf dieser Basis kann jeder Behauptung normalerweise widersprochen werden: was beschrieben wird kann falsch oder wahr sein, daher die logische Auffassung der Sprache. Da die Ausgangssprache sowie die Zielsprache in diese Menschensprache gehören, können die oben gestellten Fragen auch gemäß dem Logik- bzw. Wahrheitsprinzip der Menschensprache konsequent aufgeworfen werden. Nun aber ist die Ausgangssprache bei der Übersetzung eine Sprache besonderer Art, insofern die Sprache, die übersetzt werden soll, als ein Tabu aussieht und somit ein noch strengeres Prinzip fordert: das Prinzip der Treue. Von nun an gelte die Ausgangssprache als eine wahrheitstragende Sprache par excellence, erlaubt also keine andere Wahrheit, verbietet de facto die Aktualisierung der Parole, die zielsprachig hier widersagt“: Die Ausgangssprache hätte immer Recht, wäre immer Wahrheit!

Der Widersinn ist zwar ein schwerer Fehler, ist aber nicht der schwerste Fehler, denn mindestens ein Merkmal des Sinnkomplexes wird in ihm passend wieder ausgedrückt. Diese sinntragende Besonderheit wird in den unteren Zeilen behandelt.

3.1.2.2- Der Widersinn als sinntragender Fehler im Gegensatz zum Unsinn

Der Widersinn in der Übersetzung ist überhaupt nicht sinnfrei[104], im Gegensatz zum Unsinn (Sinnlosigkeit), der diesen Sinn anhand der Partikel „Un" negiert. Das heißt, Sinn und Widersinn übersetzen immer kontextuell und situativ passend, sonst haben wir eher mit Unsinn zu tun, der genau die linguistischen Parameter des Kontextes sowie die pragmatischen Angaben der Situation nicht integriert.

Betrachten wir jetzt folgende Übersetzung, die diese Realität veranschaulicht:

La traduction faite par Zagbayou, mon condisciple, est *pleine de sens*

widersinnig übersetzt durch ⇩

Die Übersetzung von Zagbayou, meinem Kommilitonen, ist ***sinnlos***

Die sprachliche Einheit „sinnlos" übersetzt hier den Sinn des Ausdrucks „pleine de sens" sinnwidrig: Sinnmangel (vgl. „sinnlos") ist kein Sinnbesitz (vgl.

[104] Dabei zitiert und kommentiert Prandi Hüsserls Gedanken folgenderweise: « Hüsserl (1900 [1962]), pp. 120-121, distingue rigoureusement le contresens de toute expression dépourvue de sens (non-sens): „*on ne doit pas confondre ce qui n'a pas de sens (sinnlos) (le non-sens) (das Unsinnige), avec l'absurde (le contre-sens) (das Widersinnige) que, de son côté, par exagération, on qualifie volontiers de dépourvu de sens, bien qu'il constitue au contraire un domaine partiel de ce qui est doué de sens.* », in : M. Prandi, sémantique du contresens, les éditions de minuit, Paris, 1987, S.7 (Vorwort).

„pleine de sens"). Die oben angeführten kontext- bzw. situationsbezogenen Anmerkungen für die passende Übersetzung vom Ausdruck „pleine de sens" durch „sinnvoll" zur Klärung des Begriffs „Sinn" gelten auch hier für die widersinnige Übersetzung durch „sinnlos": gleicher Übersetzungskontext mit den Angaben „Übersetzung", dem erforderlichen Gebrauch eines Agens (hier „Zagbayou"), sowie dem Gebrauch des Wortes „Kommilitone" (in dem Appositionssatz), das den menschlichen Status von Zagbayou verstärkt und auch die situative bzw. referentielle Angabe durch den ivorischen Eigennamen „zagbayou" darstellt.

Dass der Sinn der Wortgruppe „pleine de sens // sinnvoll" und sein Widerspruch „sinnlos" aus dem gleichen Kontext entstehen, lässt sich durch das Zugehören zum gleichen Paradigma[105] (Vertikalachse) feststellen, und dies weiß ich durch die folgende geglückte Ersatzprobe:

Die Übersetzung von Zagbayou, meinem Kommilitonen, ist *sinnvoll*

⇩

Die Übersetzung von Zagbayou, meinem Kommilitonen, ist ***sinnlos***

Hier, im linken Vorfeld des Wortes „sinnlos", das widersinnig übersetzt, treten kontextuell identische Angaben mit semantischem Inhalt an der gleichen Stelle auf (vgl. Übersetzung / Zagbayou / Kommilitonen), ohne dass der Gebrauch des Wortes „sinnlos" das Verständnis des ganzen Satzes in Frage stellt: der Widersinn verstößt den Sinn, vernichtet ihn aber nicht. Dass der Sinn mit dem Widersinn zusammengeht, hilft beim Verständnis dieses Fehlers, den ich typisieren versuche.

---

[105] *„ Paradigmatisch : Relationen zwischen Einheiten, die an der gleichen Stelle im Syntagma füreinander einsetzbar sind... "* , in: Jörg Meibauer, Ulrike Demske et. al., idem, S. 71.

3.2- VERSUCH EINER TYPISIERUNG DES WIDERSINNES

Das Wort, das den Sinn (zielsprachig) übersetzt, hat etwas Widersprüchliches gegenüber dem Sinn, der übersetzt werden soll. Dieser Gegensatz in der Auffassung des Widersinnes lässt sich übrigens durch die Partikel „Wider“ ganz klar ausdrücken, welche auf Entgegengesetztes hinweist. Genau dieses Entgegengesetzte als Ausdruck des Widersinns wird im Bereich eines Typisierungsversuchs zunächst als zwischensprachlich bezogener Widersinn analysiert, und dann befasse ich mich mit dem innersprachlichen Widersinn.

3.2.1- Der zwischensprachlich bezogene Widersinn

Unter „Entgegengesetztem“ bei der Übersetzung ist üblicherweise zwischensprachlich bezogener und nicht sprachinterner Widerspruch gemeint. Grund dafür ist, dass beim Übersetzen, die Ausgangssprache (und leider nicht die Zielsprache) üblich der Festlegepunkt[106] ist, wodurch die Zielsprache bewertet werden soll. Der passende Sinn als aktualisierter Teil eines potentiellen Ganzen, einer potentiellen Sinnmenge, ist mit seinem widersinnigen Gegenteil konfrontiert: so wird das Vorhandensein des Sinnes des zu übersetzenden Wortes vom Widersinn in

[106] In meinem Artikel „ *Stellungnahme in der theoretischen Linguistendebatte zur Wahl eines Modells zum Übersetzen: Plädoyer für eine nützliche pragmatisch bezogene Übersetzung*“ veröffentlicht in: URED, idem, Seiten 207-224, plädiere ich ausführlich für eine pragmatisch bezogene Übersetzung, die die Zielsprache und deren vielseitige Realitäten als Festlegepunkt betrachtet.

Frage gestellt, und so entsteht der Widersinn mit einem Oppositionsstatus, der „Sinngegenrichtung" folgend.

Als Ausdruck einer zwischensprachlichen Realität zeigt der Widersinn Spuren dieser Realität, die ich als bloße Sinnopposition bezeichne und fürs erste analysiere. Dann beschreibe ich, was ich im Rahmen des zwischensprachlichen Widersinns „strikte Sinnopposition" nenne.

3.2.1.1-Der Widersinn als bloße Sinnopposition

Der Widerspruch ist nichts anderes als eine Sinnopposition über die Sprachgrenze hinaus. Dabei heißt das Motto Folgendes: was zielsprachig „dagegen sagt" gehört in die Klasse der „Sinnopposition", zeigt in dieser Hinsicht eine sinnvolle andere Realität, die aber mit der Realität der Ausgangssprache überhaupt nichts zu tun hat, zwei Welten, in denen die vorgeschlagenen Referenten untereinander fremd sind.

Bei der bloßen Sinnopposition ist die Realität mit Definitionsbereichen ohne eine genaue klare Grenzziehung einfach anders: so aufgefasst, sind Sinnopponenten nicht vergleichbar, denn verglichen werden können nur Dinge gleicher Natur, Begriffe mit Ähnlichkeitsbezügen. Folgende fehlerhafte Übersetzung zeigt das eben Gesagte klar:

La traduction faite par Zagbayou, mon condisciple, est *bonne*

widersinnig übersetzt durch ⇩

Die Übersetzung von Zagbayou, meinem Kommilitonen, ist ***falsch***

In der Übersetzung, die hier analysiert wird, sind die Sinne von „bonne // gut" und „falsch" zwar widersinnig opponiert, aber nicht diametral entgegengesetzt, denn nicht „falsch" (als wahrheitswidrige Logik) ist das strikte

Gegenteil von „bonne // gut“ (als qualitativ nicht Defektes), sondern „schlecht“ (als qualitativ Defektes).

Qualität (vgl. „bonne“ // „gut“) und Wahrheit (vgl. „falsch“) sind hier als Definitionsbereiche untereinander fremd, also nicht gleicher Natur und deshalb nicht vergleichbar. Beide Begriffe sind aber nicht antithetisch, und die jeweiligen opponierten Sinne, die von diesen Begriffen definiert werden, sind gleichermaßen untereinander fremd und deshalb auch nicht vergleichbar: verglichen werden können nur Dinge oder Begriffe, die Ähnlichkeitsbezüge haben, sagte ich.

Soweit beschreibe ich den Widersinn als bloße Sinnopposition. Im Gegenteil dazu kommt der Widersinn, der eine strikte Sinnopposition inszeniert. Diesen Widersinn anderen Typs bespreche ich in den unteren Zeilen.

3.2.1.2- Der Widersinn als strikte Sinnopposition

Hier beschreibt der Widersinn die Realität zutiefst widersprüchlich, ein „Entweder - Oder“ mit einer genauen Grenzziehung, die in einer strikten Sinnopposition begreifbar ist.

Bei strikter Sinnopposition haben Übersetztes und Übersetzendes de facto keinen einzigen semantischen Zug zusammen (und diese Realität ist wiederum durch den strikten Unterschied der Referenten über die Sprachgrenze hinaus klar merkbar), wie immer bei den Wörtern mit Verneinungspartikeln oder verneinenden Suffixen die Rede ist.

Genauso wie landeskundlich der Nordpol und der Südpol oder physikalisch im Bereich der Elektrizität der Minuspol bzw. der negative Pol und der Pluspol bzw. der positive Pol diametral entgegengesetzt sind, sind Ausgangssprache und Zielsprache über die Sprachgrenze hinaus diametral opponiert. Die Opposition zwischen

Ausgangssprache und Zielsprache ist hier am schärfsten. Dass ich in diesem Fall von zwischensprachlich strikter Opposition sprechen darf, erweist sich durch folgende Übersetzung:

La traduction faite par Zagbayou, mon condisciple, a un *sens*

widersinnig übersetzt durch ⇩

Die Übersetzung von Zagbayou, meinem Kommilitonen, ist ***sinnlos***

Bei der widersprüchlichen Übersetzung von „sens“ durch „sinnlos“ stigmatisiert die verneinende Partikel „-los“ genau die strikte Sinnopposition zwischen Übersetztem und Übersetzendem.

Typisiert gegenüber dem zwischensprachlichen Widerspruch steht der sprachinterne Widerspruch, den ich hier unten darstelle.

3.2.2- Der sprachinterne Widersinn bzw. Inkohärenzwidersinn

Was ich als sprachinternen Widersinn bzw. Inkohärenzwidersinn bezeichne, ist nicht zwischensprachlich in der Beziehung zwischen Übersetztem und Übersetzendem zu finden, sondern exklusiv auf Übersetzendes beziehend. Damit heißt es, dass nicht die Ausgangssprache - wie bei der Wahrheitsproblematik bezogen auf den Sinn die Rede ist - ‚sondern die Zielsprache ist Zentralpunkt einer Absurdität: eine angegebene Übersetzung im zielsprachigen Text wird in demselben Text, wenige Zeilen später, vom Übersetzer selbst absurd widersprochen, ohne dass solch ein Widerspruch in der Ausgangssprache besteht. Diese Art Widersinn als inkohärenzbezogener Widersinn - mit der Absurdität als Stützpunkt - grenzt sich an den Unsinn als ausdrucksstärkste Absurdität. Die ganze Sache passiert, als wäre der Übersetzer sein eigener Opponent, sein eigener Widersprecher: zwei Übersetzungen aus unterschiedlichen Sätzen desselben Übersetzers liegen in demselben Text widersprüchlich inkohärent vor, da im Textzusammenhang ein Bruch besteht. Merkbar ist diese Realität im folgenden Text *:*

La traduction faite par Zagbayou, mon condisciple, a un sens*. De plus, elle est* bonne *dans la mesure où elle convient au contexte. Zagbayou est tout heureux, car c'était une traduction difficile. Cet* excellent *travail fait de lui un lauréat du prix Abo.*

widersinnig übersetzt durch:

Die Übersetzung Zagbayou's, meinem Kommilitonen, ist *sinnlos* *.Außerdem ist sie* gut*, insofern sie sich dem Kontext anpasst. Zagbayou ist sehr glücklich, denn es war eine schwierige Übersetzung. Diese* ausgezeichnete *Arbeit macht aus ihm einen Abo - Preisträger.*

Auf Deutsch korrekt übersetzt wird hier durch „gut" und „ausgezeichnet", zwei Adjektive, die sich jeweils auf „bonne" und „excellent" des Französischen beziehen. Es gibt also bei dieser Übersetzung keinen zwischensprachlichen Widerspruch. Innersprachlich problematisch lautet jedoch diese fehlerfreie deutsche Übersetzung, die auf einen internen Gegensatz in der Übersetzung Zagbayou's hinweist, welche einerseits zugleich „sinnlos" und „gut", andererseits zugleich „sinnlos" und „ausgezeichnet" ist. Ein derartiger innersprachlicher Widersinn ist nichts anderes als Absurdität wegen Kohärenzmangel. Ein formales mathematisches Prinzip steht fest und kann etwa folgenderweise ausgedrückt werden: wenn Jemand etwas sagt, darf er nicht dem Gesagten gleichzeitig widersprechen, ohne gegen den menschlichen Verstand zu stoßen. Anders übersetzungsmäßig formuliert, darf der

Übersetzer etwas nicht zielsprachig behaupten und dies gleichzeitig zielsprachig widerlegen.

Jetzt Folgendes: der Widersinn und der falsche Sinn sind beide Sinnträger, und zum Verständnis des Begriffs „Widersinn“ erfordert dies, dass zwischen beiden Begriffen semantisch eine Grenze gezogen wird, was ich nachstehend versuchen will.

3.2.3- Widersinn und falscher Sinn: Versuch einer semantischen Abgrenzung beider Begriffe

Gesehen haben wir, dass das Wort als sprachliche Einheit die Begriffe und die Dinge unserer Welt und Umwelt kommunikationsbezogen beschreibt. Eine sprachliche Einheit hat potentiell viele Sinne, die ihre Bedeutung ausmachen. Übersetzt wird nicht das mehrdeutige Wort, sondern der eindeutige Sinn. Jedesmal wenn übersetzt wird, wird einer der Sinne des mehrdeutigen Wortes in der Ausgangssprache kontextuell und situativ durch Interpretation passend ausgewählt und in die Zielsprache passend übersetzt, indem die zielsprachigen Realitäten pragmatisch in Betracht gezogen werden dürfen. Außer dem passend ausgewählten Sinn kann unter den anderen potentiell vorliegenden Sinnen des Wortes, einer vom Übersetzer falsch aktualisiert werden, wie hier der Fall ist:

La traduction a un *sens*

übersetzt durch ⇩

Die Übersetzung hat eine ***Richtung***

„Sens // Sinn“ und „Richtung“ sind demselben semantischen Feld angehörig, haben also semantisch etwas Gemeinsames, da beide auf das Archilexem[107] „Orientierung“ hinweisen. Trotzdem liegt die Übersetzung durch „Richtung“ fehlerhaft vor, da die Sinnauswahl in der gemeinsamen Sinnmenge (Sinn; Richtung; Weg; Achse...) missglückt ist. Wegen des semantischen Gemeinguts „Orientierung“ zwischen „Sens//Sinn“ und „Richtung“ spreche ich bei diesem falschen Sinn statt von Sinnopposition eher von Sinndivergenz[108], statt von Meinungsopposition eher von Meinungsdivergenz, statt von Unverstehen eher von Missverstehen.

Der falsche Sinn gehört also zu einem Ganzen, einer ganzen Sinnkonstellation. In dieser Sinnkonstellation erscheint der falsche Sinn zwar als ein Irrweg, ein Irrsinn, der die Welt verfälscht beschreibt, aber dieser Sinn ist als Teil des Ganzen trotzdem gegenüber dem Widersinn positiv zu bewerten, der diesem Ganzen durch Opposition fremd ist: der falsche Sinn „sagt“ nicht dagegen, er „sagt“ nuanciert dafür - das ist das Positive dabei - und ist deshalb ein minderschwerer Fehler.

So gesehen, folgt der falsche Sinn der Sinnrichtung (positiv) bis zu einem gewissen Grad, verzweigt sich dann vom Sinn nuancierend. Ein sich derart verzweigender falscher Sinn, der dem weiten Feld des ausgangssprachigen Wortsinnes, also der Bedeutung dieses Wortes angehört, benötigt nur kontextuell und

---

[107] Dieses gemeinsame Archilexem ist nichts anderes als ein vereinheitlichender semantischer Zug, den J. Picoche als „Genre prochain // nächster Genus“ in ihrer Auffassung des Begriffs Definition ausführlich beschreibt, (vgl. J. Picoche, Précis de lexicologie française, idem, S. 133 ff).

[108] Bei Sinndivergenz begreife ich eigentlich den falschen Sinn als Verzweigung des Sinnes, wie in folgender französischer Definition von „diverger“ stigmatisiert wird: « *diverger : aller en s'écartant de plus en plus (en parlant de deux ou plusieurs choses rassemblées au départ).* », in: Dictionnaire Hachette de la langue française, Hachette, 1980, S. 489.

situativ passend aktualisiert zu werden, und genau diese Aktualisierung ist beim Übersetzungsakt wegen einer nicht treffenden Sinnauswahl missglückt.

Beim Vergleich des Widersinns mit dem falschen Sinn wird hier also festgestellt, dass der falsche divergenzbezogene Sinn (FDS) mit dem Sinn der Ausgangssprache positiv korreliert, während der oppositionsbezogene Widersinn (OW) mit dem ausgangssprachigen Sinn in negativer Beziehung steht.

Sollte man den falschen Sinn vom Widersinn abgrenzen, könnte bildlich gesagt werden, dass der Widersinn dort anfängt, wo der falsche Sinn aufhört, dies am Horizont eines Missverständnisses, das der Uneinigkeit freien Raum lässt. Der Unterschied zwischen falschem Sinn und Widersinn ist also der Unterschied zwischen Missverständnis und Uneinigkeit. Anders betrachtet ist der allerschwerste Fehler bei dem falschen Sinn um einen winzig kleinen Grad minderschwer als bei dem Widersinnfehler.

Der Widersinn beschreibt die Realität der Welt nicht verfälscht, sondern bloß anders! Er schließt sich aus der Sinnmenge des Wortes, liegt in dieser Menge also nicht potentiell vor, wie beim falschen Sinn die Rede ist, könnte als Fremder kontextuell und situativ außerhalb dieser Sinnmenge aktualisiert werden:

Jetzt folgt, schematisiert, der Bezug zwischen Sinn, falschem Sinn und Widersinn:

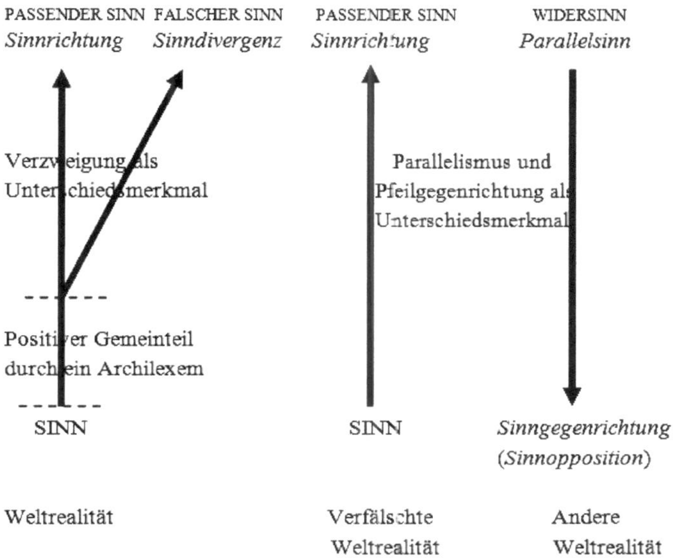

SCHEMA 6

Falscher Sinn und Widersinn: Unterschied in der Beschreibung der übersetzungsbezogenen Welt

Klar zu sehen auf diesen Schemata ist, wie sich der falsche Sinn von dem passenden Sinn durch Pfeilverzweigung unterscheidet, nachdem beide Angaben einen Gemeinweg „eingeschlagen" haben, während der Widersinn, eine ganz andere Weltrealität ausdrückend, dem passenden Sinn gegenüber parallel steht und dabei einer entgegengesetzten Pfeilrichtung folgt.

Nach dem Typisierungsversuch bezogen auf den Widersinn ist interessant zu wissen, warum solch ein schwerer Fehler in der Übersetzung zwischen Deutsch und Französisch nicht selten zu sehen ist. Einige Gründe auf einem fruchtbaren Ähnlichkeitsboden sind dabei zu nennen, die im unteren Kapitel die Mechanismen des Widersinns klären werden.

3.3 - DER IRRWEG "WIDERSINN" UND DESSEN MECHANISMEN ALS FEHLERHAFTER AUSDRUCK DER ÜBERSETZUNG: EINE ANALYSE AUS LINGUISTISCHER SICHT

Drei Gründe werde ich hier nennen und nach der folgenden Reihe analysieren: die Wortverwechslung, die Wortinterferenz und schließlich das Binom Verwechslung / Interferenz als Fehlerkomplex.

3.3.1-Der Irrweg "Widersinn" durch Wortverwechslung

Beim Sprechen sowie beim Schreiben kann der Irrtum unsere Leistung beeinträchtigen. Auch bei der (schriftlichen) Übersetzung können Fehler passieren: dies bedeutet, dass der Wiederausdruck eines Sinnes in einer Zielsprache beeinträchtigt sein kann. Die Fehlerdiagnose könnte dabei, im Bereich des Widersinnes, auf eine Verwechslung hinweisen. Genau die Mechanismen des Widersinns werde ich anhand dieser Fehlerdiagnose beschreiben und analysieren. In dieser Hinsicht wird zunächst der Begriff „Verwechslung“ theoretisch erläutert. Diese Theorie wird dann in der Praxis überprüft, indem widersinnige Übersetzungen analysiert werden, die eine Wortverwechslung im Bereich der „Wortserien“ identifizieren lassen.

3.3.1.1- Erläuterung zum Begriff „Verwechslung“: theoretische Betrachtungen

Wenn etwas für etwas anderes gehalten wird, wird üblicherweise von Verwechslung gesprochen. Im Bereich der Übersetzung werden linguistische Einheiten irrtümlich für andere Einheiten gehalten. Wörter als linguistische Einheiten werden also verwechselt, nicht der Sinn, der hinter den Wörtern steckt. Damit ist gemeint, dass die

Verwechslungsbeziehung mindestens zwei Wörter voraussetzt, denen ich jeweils den Status von Verwechseltem und Verwechselndem auf der Basis von Ähnlichkeiten zuteile. Verwechseltes nenne ich das Wort, das den zu übersetzenden Wortsinn im ausgangssprachigen Text[109] trägt, während Verwechselndes potentiell im Wortgut derselben Sprache vorhanden ist, extratextuell als Vermittler funktioniert, bis es im Gedanken des Übersetzers aktualisiert wird und dort als Ersatzwort im Vorfeld des Übersetzungsakts, also zwecks der Übersetzung, irrtümlich interpretiert wird. Beide Begriffe sind exklusiv in der Ausgangssprache zu finden, und so ist die binominale Beziehung Ausgangssprache // Zielsprache, die von dem Interferenzproblem aufgeworfen wird, von dem Verwechslungsproblem nicht übernommen.

---

[109] *„Wenn wir fragen, was man in der Linguistik unter einem Text (von lat. textus, ‚Geflecht‘) versteht, werden wir ebenso wenig eine eindeutige Antwort erhalten wie auf die Frage nach dem Wesen eines Wortes oder eines Satzes. Das erklärt auch die wenig handfesten Definitionen, die in den sprachwissenschaftlichen Lexika unter dem Stichwort „Text“ zu finden sind...Text ist etwas tatsächlich Geäußertes, also ein Element der Parole. So muss letztendlich jede sprachliche Äußerung als Text aufgefasst werden, auch wenn sie nur aus einem Satz, einem Wort oder gar einem Laut (wie au!) besteht.*“, in: Peter Ernst, ebenda, Facultas-Verlags und Buchhandels AG, Wien, 2004, S. 173.

„Was ist ein Text (vgl. lat. textus ‚Geflecht, Gewebe‘)? (a) Satzorientierte Sicht: Eine Folge von Sätzen, die durch textbildende Verfahren wie die Wieder-Aufnahme (z. B. Die Blume ... . Sie ...) und durch inhaltliche Verflechtung (Kuno schläft heute aus. Er hat nämlich einen freien Tag) „vertextet“ werden. Dadurch ergibt sich ein schriftlich fi-xiertes, relativ abgeschlossenes Ganzes (ein Liebesbrief, ein Wetterbericht etc.)“, in: **Wolfgang Schindler,** Institut für Deutsche Philologie, Web-Seite: http://www.lrz-muenchen.de/~wolfgang_schindler, Artikel online, Seite am 28. März geöffnet.

Das Verwechselnde als Ersatzwort zum Interpretieren ist das tatsächlich Übersetzte und hat somit eine direkte Beziehung zu der Übersetzung, während das Verwechselte als „legitimes" textuell anerkanntes Wort zum Übersetzen ausgeklammert wird und deshalb den Umweg des Verwechselnden braucht, also in indirekter Beziehung zu der Übersetzung steht. In dem letzteren Fall spreche ich von einer „Übersetzung per Prokura" wegen des besprochenen Umwegs als Kennzeichen einer mittelbaren Übersetzung. Beim übersetzungsbezogenen Verwechslungsphänomen heißt Übersetzung letztendlich Übermitteln einer nicht authentischen ausgangssprachigen Information in die Zielsprache durch ein Ersatzwort, das auf der Basis von Ähnlichkeiten per Prokura funktioniert.

Außerdem steht fest, dass das „legitime Wort", das den zu übersetzenden Sinn trägt, notwendigerweise vom Übersetzer im Vorfeld des Übersetzungsakts meist lautlos gelesen wird. Wenn es zu einer Verwechslung kommt, ist zu vermuten, dass sich der Übersetzer so verlesen hat, dass ein „Zwillingswort" mit Ähnlichkeitszügen anstelle des zu übersetzenden Wortes auftaucht. Ich nenne solche Ähnlichkeiten „Verwechslungserleichter", die einer fehlerhaften Übersetzung durch Verwechslung zugrunde liegen: der Übersetzer neigt umso mehr zur Verwechslung als Verwechslungserleichter im Wortschatz einer angegebenen Sprache zu finden sind, die ein angegebenes Wort kennzeichnen, ein Wort, das jederzeit unvorsichtig zur fehlerhaften Übersetzung nachholbar ist. Solche Fehler, die oft auf nicht schwierigen Wörtern basieren, werden vom Dozenten nicht erwartet und von den Studenten als Flüchtigkeitsfehler bezeichnet.

Im Anschluss an diese theoretischen Betrachtungen möchte ich nachfolgend konkret zeigen, wie Verwechslungsprobleme auftauchen, wenn zum Beispiel ein angegebenes Wort aufgrund von Ähnlichkeiten mit einem anderen Wort verwechselt wird, mit dem es serienmäßig verwandt ist. Solch eine problematische Wortserie will ich näher untersuchen.

3.3.1.2- Widersinn und Darstellung der Verwechslungsprobleme am Beispiel von Wortreihen

Insofern Verwechslungsprobleme mit einem Mangel an Vorsicht zu tun haben, gibt die Beschreibung der Welt durch sprachliche Einheiten Anlass zur Verwechslung, wenn diese Einheiten potentiell ähnlich sind. Durch Verwechslung kann ein Element einer Wortserie irrtümlich zum Wiederausdruck eines Sinnes ausgewählt werden. Dieses Kapitel, mit den Wortreihen als Zentralpunkt, analysiert zuerst die zahlmäßige Reihe und dann die Temporalreihe auf der Basis von tatsächlich[110] realisierten Übersetzungen im Übersetzungsseminar 1993, im ersten Jahrgang der Deutschabteilung der Universität Abidjan-Cocody in Côte d'Ivoire.

3.3.1.2.1- Widersinn, zahlmäßige Wortreihe und Verwechslung

Wie die Reihe bzw. die Serie mit zahlmäßiger Prägung als Verwechslungserleichterin funktioniert und somit eine fehlerhafte, hier widersinnige Übersetzung erzeugt, will ich zeigen, indem Beispielsätze aus einem Übersetzungskurs analysiert werden.

In dieser Hinsicht wird zunächst folgender deutscher Satz und dessen fehlerhafte Übersetzung ins Französische untersucht:

---

[110] „*Wir gehen davon aus, dass Sprache aus sinnvollen und geordneten Äußerungen besteht. Das Einzige, was Linguisten tun können, ist, tatsächlich gemachte Äußerungen zu analysieren.*“, P. Ernst: ebenda, S. 122.

Satz 1: *„Ich traf Winnie einige Tage später ...“*

fehlerhaft übersetzt:

« Je rencontrai Winnie un *jour d'avance ... »*

Aus dieser fehlerhaften Übersetzung, folgendes Schema:

Satz 1: *„Ich traf Winnie* einige *Tage später...“*

(tatsächlich Übersetztes / Verwechseltes / legitimes Wort)

ein

(Verwechselnder / Ersatzwort / Vermittler)

widersinnig übersetzt: *« Je rencontrai Winnie* un *jour d'avance ... »*

(Übersetzender)

SCHEMA 7

Lineare Beschreibung des Mechanismus des Widersinnes durch Verwechslung zwischen „ein“ und „einig“ bei der Übersetzung des Sinnes des französischen Wortes „un“

Hier ist der Sinn vom verwechselten legitimen Wort „einige“ per Prokura fehlerhaft ins Französische durch den französischen unbestimmten Artikel „un“[111] übersetzt

[111] Wie G. Le Bidois und R. Le Bidois erklären, wurde das Vorhandensein des Wortes « un » (ein) als Indefinitartikel von manchen Grammatikern in Frage gestellt, die eher von Numeralen sprechen. Beide Autoren vertreten jedoch, dass neben dieser Rolle als Numerale, die Indefinitheit dieses Wortes einleuchtend besteht : *« C'est seulement depuis la Grammaire de Port-Royal, où il est mentionné pour la première fois..., que l'on parle de « l'article indéfini ». Nombre de grammairiens, (Regnier-Desmarais, Du Marsais, Duclos, Girault-Duvivier, pour ne*

worden, während der deutsche unbestimmte Artikel „ein" als vermittelndes Ersatzwort einen Ersatzsinn zur tatsächlichen Übersetzung durch den französischen unbestimmten Artikel „un" trägt.

„Ein" und „einige" gehören auch in eine Zahlmäßige Reihe von der Einzahl (vgl. „ein") zu der Mehrzahl (vgl. „einige"), und diese Zahlfolge, soweit systematisch linear geordnet, ist schon ein Erleichterungsmerkmal zum Vorkommen einer Verwechslung.

Der Sinn des legitimen Wortes (vgl. „einige") wird hier durch „un" widersinnig übersetzt, denn die Menge (vgl. „einige") entspricht ja nicht der Einheit (vgl. ein"), die ihr widerspricht. Die widersinnige Übersetzung durch "un" ist zwar sinnvoll, nur drückt sie den Sinn des Wortes "einige" kontrapunktisch durch eine Sinnopposition(vgl. "Menge" ≠ "Einheit") aus. Erstaunlicherweise liegt der obengenannte Fehler vor, denn das Wort „einige" als

---

nommer que les plus connus), ont contesté son existence. On comprend qu'un mot comme un, si propre pour compter, puisse avoir l'apparence d'être essentiellement un adjectif numéral, et de n'être pas autre chose. Il est manifeste pourtant qu'il sert encore à autre chose qu'à compter, et cela dans une infinité d'occasions. », In: G. Le Bidois, R. Le Bidois, syntaxe du français moderne. Ses fondements historiques et psychologiques, Band 1, 2. Auflage, A. et J. Picard, Paris, 1971, S. 68. Ich meine, dass hier ein Problem im Bereich der Lexikologie aufgeworfen wird, in der die Benennungsfunktion linguistischer Einheiten fragwürdig ist, da die Benennung von unterschiedlichen Objekten, statt von unterschiedlichen sprachlichen Einheiten erzeugt zu werden, eher von einem einzigen Wort getan wird. Dieses Wort bekommt zur Benennung der Dinge nur eine Bedeutungsveränderung, obwohl zur Bereicherung des Wortschatzes der Mensch dazu fähig ist, Tausende von unterschiedlichen Wörtern einem Benennungsstatus zu verleihen, indem er durch Wortbildung (z.B. Zusammenbildung oder Ableitung) oder durch Wortschöpfung verfährt.

Indefinitadjektiv[112] ist usuell gebraucht. Trotzdem ist ein Widersinn vorgekommen, und genau die Mechanismen dieses Vorkommens will ich hier durch Hypothesen erklären.

Eines ist sicher: der Grund dieses Fehlers hat nicht mit Interferenz zu tun, denn die linguistischen Einheiten „einige“ (aus dem Deutschen) und „un“ (aus dem Französischen) haben morphologisch[113] sowie phonologisch nichts gemeinsam, das eine semantisch[114] interferierende Übertragung von der Ausgangssprache Deutsch in die Zielsprache Französisch hätte ermöglichen können. Sogar wenn der Sinn des deutschen Grundwortes „ein-“ bei „einige“ mit seiner französischen Übersetzung „un“ verglichen werden sollte, würden wir phonetisch folgende Diskrepanz in der Transkribierung anmerken: beim Grundwort „ein-“, transkribiert [ai̯n], sind ein

---

[112] Das Indefinitadjektiv „einige“ taucht manchmal auch als Indefinitpronomen auf, hat dabei gleichermaßen den Inhalt „Indeterminiertheit“: *„Die beiden Indefinitpronomen* einige *und* etliche *werden in gleicher Weise gebraucht; etliche ist gegenüber einige jedoch wenig gebraucht gebräuchlich. Mit dem Plural* einige *in der Bedeutung „mehrere, ein paar“ wird eine unbestimmte, nicht große, gegliederte Anzahl gekennzeichnet: mehr als zwei bis drei, aber nicht viele.“*, in: G. Drosdowski (Hrsg.), Grammatik der deutschen Gegenwartssprache, 4. Auflage, Band 4, Dudenverlag, Mannheim, 1984, S. 339.

[113] *„*Morphologie (der Terminus wurde 1800 von K. F. Burdach eingeführt) ist jener Zweig der Sprachwissenschaft, der - zwischen und Syntax angesiedelt - die Funktion und Distribution der Morpheme untersucht und beschreibt und dabei den Morphembestand einer Sprache aufgrund von Analysen ermittelt.*“*, in: H. D. Fischer, H. Uerpmann, idem, S. 62.

[114] *„Obwohl Fragen der Bedeutung zu allen Zeiten, besonders von Philosophen, erörtert worden sind, ist die „Lehre von der Bedeutung*“ als Wissenschaft erst 1830 von dem Altphilologen Karl Christian Reisig begründet worden (Vorlesungen über lateinische Sprachwissenschaft. Hg. Von F. Haase. Leipzig 1839).“, in H. D. Fischer, H. Uerpmann, ebenda, S. 125.

Diphthong [ai] und ein Konsonant[115] [n] zu sehen, während bei „un", transkribiert [❀☽], ein Nasalvokal vorliegt, der in typischen deutschen Wörtern nicht existiert[116]

Wenn aber zwischensprachig Ähnlichkeiten nicht vorhanden sind, die auf eine Interferenz hätten hinweisen können, bestehen doch intralingual übereinstimmende Indizien, die für eine Verwechslung sprechen. Da der Mensch von Natur aus zum geringsten Kraftaufwand[117] neigt, kann behauptet werden, dass sich der Übersetzer verlesen hat, der das Wort „einige" zeit- und kraftsparend mit dem Wort „ein" verwechselte. So könnte der Geist des Übersetzers das Wort „einige" um das Wort „ein" schnell verkürzt haben. Das Vorkommen dieser Verkürzung ist umso mehr plausibel, als genau Ähnlichkeiten da sind, die dem Benehmen des Übersetzers zugrunde liegen können.

---

115 Konsonant, auch Zwielaut oder Doppellaut genannt

116 Es geht hier nicht um französische Wörter, die verdeutscht worden sind, wie zum Beispiel bei „Parfum" die Rede ist, sondern um solche ursprünglich aus dem Deutschen geschöpfte Wörter: *„Fremdwörter bringen fremde Laute ein, die nur zum Teil angeglichen oder in das System eingebaut werden: ã Chance, õ pardon, œ☽ parfum, ʒ journal, Genie, dʒ jeans, w Whisky, u.a.*", in: H. Gross, idem, S. 37.

117 *„Somit ist die sprachliche Entwicklung durch das Prinzip des geringsten Aufwandes (Tendenz zur Ökonomie) bestimmt.*", in: H. Gross, ebenda, S. 29.
„Sprachökonomie ist eine der Ursachen für Sprachwandel...Sprachökonomie wird nicht selten mit André Martinets Gesetz des geringsten Aufwandes (loi du moindre effort*) in Verbindung gebracht, ist aber wesentlich älter. Schon William Whitney verwendet den Ausdruck* economy*, und auch bei Otto Jespersen taucht der Terminus auf.*", in: Wikipedia, Sprachökonomie, http://de.wikipedia.org/wiki/Sprach%C3%B6konomie, Seite am 24. 03. 2011 geöffnet.

Eine morphologische Analyse zeigt in dieser Hinsicht, dass das zu übersetzende Wort „einige“ durch eine suffixale Beifügung mit „-ig-“ rechts des Grundwortes „ein“ entsteht, eine Ableitung, an der das grammatische Morphem „e“ hängt, welches auf einen Plural hinweist. Folgenderweise schematisiert kann ich dies noch klarer ausdrücken:

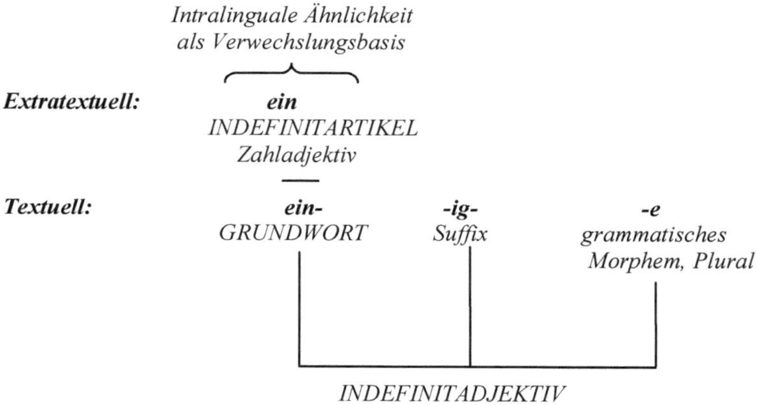

SCHEMA 8

Intralinguale Ähnlichkeit als potentielle Verwechslungsbasis zwischen den ausgangssprachigen deutschen Wörtern „ein“ und „einig“

Durch dieses Schema wird beim Indefinitadjektiv „einige“ festgestellt, dass bei der besprochenen Verkürzung, das Suffix „-ig-“ und das Endmorphem[118] „e“ betroffen sind, und dadurch bleibt das deutsche Grundwort „ein“ (textuell beim Wort „einige“ ersichtlich) übrig, das dem extratextuellen Indefinitartikel „ein“ ähnelt. Somit werden textuelles Grundwort und

[118] Morphem, üblicherweise als kleinste bedeutungstragende Einheit beschrieben.

extratextuelles Wort Ausgangspunkt einer Wortverwechslung.

Als grundwörtlicher Bestandteil des Wortes „einige“ lautet „ein“ mit dem extratextuellen Indefinitartikel „ein“ so gleich, dass die Alliteration[119] durch die gleich lautende Silbe „ein“, die französische Übersetzung durch „un“ aufgrund von einer Verwechslung entstehen lassen kann. Wir sprachen von Alliteration bei diesem Gleichklang am Wortanfang! Genau dies deutet auf eine phonologische Ähnlichkeitsbasis zwischen „einige“ und „ein“.

Das aktuelle Stadium unserer Analyse zeigt schon eine morphophonologische Ähnlichkeit zwischen „einige“ und „ein“, welche als fruchtbaren Boden zur Verwechslung zu betrachten sind.

Weiter im Bereich des Formalen, auf der Theorie der Mengenlehre basierend, kann gesagt werden, dass die

---

[119] Diesen Begriff definiert G. Wolf bezogen auf den Gleichklang von Buchstaben: *„Alliteration: Gleichklang von Buchstaben im Silbenanlaut: Mann und Maus. In frühdeutscher Zeit im Stabreim verwendet.*“, in: G. Wolf, Deutsche Sprachgeschichte von den Anfängen bis zur Gegenwart, 5. Auflage, A. Francke Verlag Tübingen und Basel, 2004, S. 284.
„Von Alliteration oder Stabreim spricht man, wenn zwei Wörter oder betonte Silben im Anlaut identisch sind...“ in: Danièle Clément, Linguistisches Grundwissen, 2. Auflage, Westdeutscher Verlag, Wiesbaden, 2000, S. 221. So definiert Danièle Clément ihrerseits die Alliteration, eine Definition, die sich auf die Identität von Anlauten bezieht und somit von der obigen Definition Wolfs nicht zu unterscheiden ist, da Buchstaben potentiell Laute sind. Mir scheint treffender, wie A. Müller diesen Begriff bestimmt, wenn er kompletter von Anfangssilbe statt von Anfangsbuchstaben oder von Anfangslaut spricht: *„Das deutsche Wort für die Figur lautet **Stabreim** (lat. ad: zu, littera: Buchstabe). Dabei verwendet man in kurzer Folge Wörter mit gleichem Anfangsbuchstaben oder gleicher Anfangssilbe“*, in: Andreas Müller, www.wissenschaft-online.de/astrowissen/rhetorik.html, Seite am 16. 09. 2011 geöffnet.

Einheit (vgl. „ein“) in der Menge (vgl. „einige“) vorliegt, insofern die Menge nichts anderes als eine Reihe von Einheiten ist, genauso wie die Zeit philosophisch als eine Augenblicksfolge definiert wird.

Das Wörterbuch „Hachette de la langue française“ definiert übrigens den Begriff „Einheit“ folgendermaßen: *Chacun des éléments semblables composant un nombre. Le nombre vingt est composé de vingt unités*[120]. So wird die Einheit nach « Hachette » als Element eines anzahlbezogen Ganzen bezeichnet. Auf dieser Definition basierend, kann gesagt werden, dass die Verwechslung hier durch eine fehlerhafte Aktualisierung des Bestandteils (vgl. „un“/„ein“) eines Ganzen (vgl. „einige“) in der binominalen Wortserie „ein" /„einige“; „Einzahl“ / „Mehrzahl“ erfolgt. Dieser logische Inklusionszusammenhang als auch diese logische Reihe von der Mehrzahl (vgl. „einige“) zu der Einzahl (vgl. „un“) führt zur Verwechslung von „einige“ mit „ein“ (un) im Gedanken des Übersetzers. Somit haben wir einen direkten Zugang zu semantischen Betrachtungen, denn diese logisch inklusive Beziehung stigmatisiert eine semantische Ungleichheitsbeziehung zwischen „groß“ und „klein“: die Menge ist mehr als die Einheit. Dieser semantische Bezug ist auch in dem Substrat des Indefinitums beider Begriffe (vgl. „einige“ gegenüber „ein“ (un)) zu erkennen, und dies erleichtert auch die verwechselnde Fehlaktualisierung von „einige“ durch „ein“ (un). Den ganzen Übersetzungsprozess schematisiere ich folgenderweise:

[120] Dictionnaire Hachette de la langue française, 1984, S. 1650.

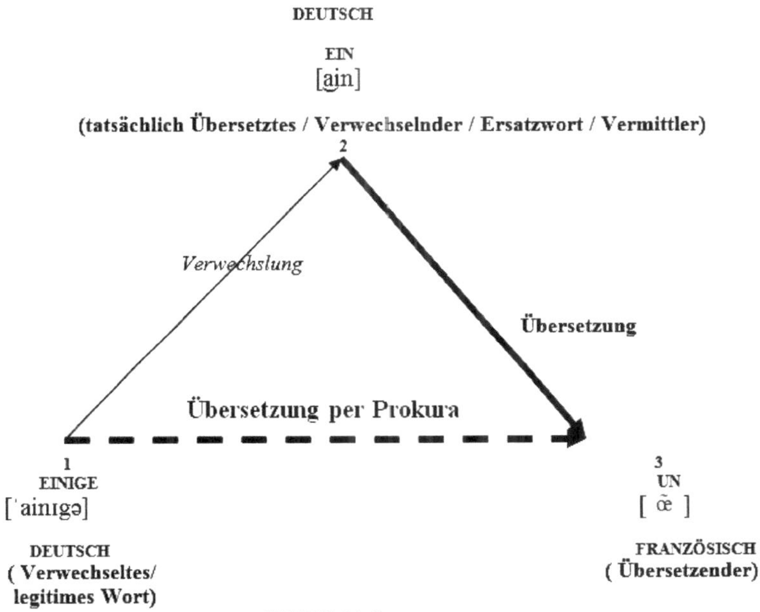

SCHEMA 9

Dreieckige Beschreibung des Mechanismus der Verwechslung zwischen „ein" und „einig" bei der verwechselnden Übersetzung des Sinnes bezogen auf das französische Wort „un"

Der Gipfel dieses Dreiecks zeigt hier, wie das Ersatzwort „ein" im ganzen Übersetzungsprozess einen Zentralpunkt belegt.

Den Begriff Verwechslung darstellend und analysierend, habe ich zu zeigen versucht, wie der Übersetzer ein Element aus der zahlmäßigen Achse als fehlerhaftes Wort unvorsichtig widersinnig aktualisiert. Zur Verwechslung kann es auch kommen, wenn aus der Temporalachse, ein fehlerhaftes Wort aus einer doppelartigen Serie auf der Basis von Ähnlichkeiten ausgewählt wird. Diese Art der Verwechslung als "Erzeugerin einer Widersinnigkeit" wird nachfolgend beschrieben.

3.3.1.2.2-Widersinn, temporale Wortreihe und Verwechslung

Wie es zu dieser Art Verwechslung kommt, die einen Widersinn erzeugt, wird anhand der folgenden fehlerhaften Übersetzung geklärt:

Satz 2: *„Ich traf Winnie einige Tage später ...“*

fehlerhaft widersinnig übersetzt:

« Je rencontrai Winnie un jour d'avance ... »

Obere fehlerhafte Übersetzung wie folgt schematisch dargestellt:

Satz 2: *„Ich traf Winnie einige Tage später ...“*

(Verwechseltes / Legitimes Wort)

früher

(**tatsächlich Übersetztes, Verwechselnder / Ersatzwort / Vermittler)**

fehlerhaft übersetzt: *« Je rencontrai Winnie un jour d'avance ... »*

(Übersetzender)

SCHEMA 10

Lineare Beschreibung des Mechanismus der Verwechslung zwischen „später“ und „früher“ bei der widersinnigen Übersetzung des Sinnes bezogen auf das französische Wort „d'avance“

Hier weisen „später“ und „früher“ als Zeitangaben auf eine Reihe temporeller Art. In diesem Rahmen wird der Sinn des Adjektivs „später“ ins Französische widersinnig durch „d'avance“ übersetzt, denn das Vergangene (vgl. "früher"), grenzt an das Zukünftige bzw. das Kommende (vgl. "später"), wobei eine strikte Sinnopposition zwischen „d'avance“ (früher) und „später“, bzw. zwischen "Vergangenheit" und "Zukunft" vorliegt. Auch unerwartet ist dieser Fehler, denn das Wort *„später"* ist gebräuchlich, genauso wie es beim Wort *„einige"* der Fall ist.

Wenn ich die Übersetzung von „später" durch „d'avance" (früher) näher analysiere, wird deutlich, dass von Interferenz hier nicht die Rede sein kann, denn der Sinn des Wortes „später" und dessen französische fehlerhafte Übersetzung „d'avance" haben morphologisch, phonologisch sowie semantisch nichts gemeinsam, das zwischensprachlich als Interferenzbasis hätte funktionieren können. Transkribiert wird das Wort „später" so: [ˈʃpɛ:tɐ]. Das Wort „d'avance" [davɑ̃s] trägt den typischen französischen Nasalvokal [ɑ̃]. Wenn hier zwischen Deutsch und Französisch keine Interferenz vorliegt, kann jedoch die fehlerhafte Übersetzung dadurch erklärt werden, dass in der Ausgangssprache Deutsch vermutlich „später" und „früher" verwechselt wurden.

Da genau bei dieser Verwechslung unser Verstand es schwer hat, a priori zu begreifen, dass kein semantischer Unterschied zwischen „später" und „früher" besteht - die fehlerhafte Übersetzung des Studenten suggeriert diesen semantischen Bezug - werden wir dessen wohl gewahr, dass die morphologische sowie die phonologische Analyse beider Wörter auf Ähnlichkeiten aufweisen. Daher darf sich der menschliche Geist „mit Recht" so verirren, dass der Übersetzer den Unterschied zwischen „später" und „früher" versehen kann. Formal morphologisch gesehen, sind beide Wörter grundwörtlich tatsächlich aus Adjektiven gebildet (vgl. „spät" und „früh") und nachsilbisch in ähnlicher Weise mit dem Morphem „er" als „Schwa"[121] abgeleitet. Auch bekommen wir

[121] *„Im Deutschen gibt es (ausschließlich) in betonter Stellung) zwei schwachtönige oder reduzierte Vokale (auch „Murmellaute" genannt): Der so genannte e-Schwa ([ə]) ist ein schwachtöniges „e", das in unbetonten Endsilben und in einigen unbetonten Vorsilben vorkommt, z. B. Sonne [ˈzone]...der so genannte a-*

gleichermaßen zwei Silben (vgl. früh-er und spät-er). Dazu kommt, dass „später“ sowie „früher“ mit Affrikaten[122] aufgebaut sind (vgl. [fr] bei [ˈfry:ɐ] und [ʃp] bei [ˈʃpɛ:tɐ]), dieselbe Buchstabenmenge haben (sechs) und mit einem Umlaut flektiert sind (vgl. „ü“ bei früher und „ä“ bei später). Beide Wörter sind auch Adverbien.

Bei diesem Zeitpunkt bin ich schon imstande zu vermuten, dass alle diese formal morphologischen sowie phonologischen Ähnlichkeiten, die ich als Verwechslungserleichter[123] beschreibe, übersetzungsirreführende Angaben sind, die zur fehlerhaften Übersetzung durch Wortverwechslung entscheidend beigetragen haben.

Auf der semantischen Ebene haben beide Begriffe Bezug auf dasselbe lineare Zeitregister, indem eine binominale Reihe zwischen „nachher“ (vgl. „später“) und „vorher“ (vgl. „d'avance“) als Merkmal einer Perspektive vorkommt. Diese Zeitreihe soweit binominal linear geordnet, erleichtert die Verwechslung der Perspektiven: diese oder jene Perspektive wird vom Übersetzer verwechselnd ausgewählt. Genau bei dieser Sinnauswahl hat der Übersetzer fünfzig Prozent Irrtumschance, soweit diese Perspektiven serienmäßig doppelseitig vorliegen. Der Irrtum in der Auswahl der Perspektiven wird hier durch die fehlerhafte Übersetzung durch „d'avance“ (früher) statt „später“ aktualisiert. Schematisch wird die

---

Schwa [ɐ] ist ein schwachtöniger a-ähnlicher Laut, der durch die Vokalisierung des r im Silbenauslaut entsteht, zB. Bier [bi:ɐ̯ə]…“, in: P. Ernst, ebenda, S. 79.

122 „*Verbindung aus Verschluss- und Reibelaute mit ungefähr gleicher Artikulationsstelle.*“, in: G. Drosdowski (Hrsg.), idem, Mannheim, 1984, S. 765.

123 Die morphemische Gleichschrift mit « er » fungiert hier außerdem gleichklangmäßig bei „früher“ und „später“ und ist somit als phonologischer Erleichter zu betrachten.

besprochene Perspektive wie folgt, auf einer Zeitachse, dargestellt:

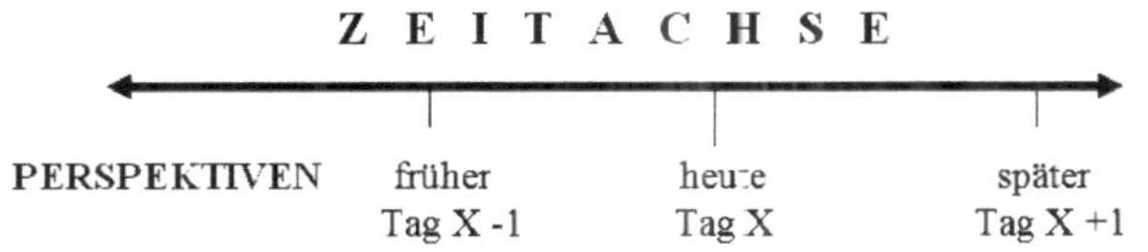

SCHEMA 11
Lineare Beschreibung des Mechanismus der Verwechslung zwischen den Perspektiven „später“ und „früher“ bei der widersinnigen Übersetzung des Sinnes bezüglich des französischen Wortes „d'avance“

Das unten dargestellte Dreieck zeichnet den Übergangsprozess vom Wort „später“ zum Wort „d'avance“, mit dem Schwerpunkt „früher“ als Gipfelpunkt des Dreiecks, soweit dieser Punkt die tatsächliche Basis der Übersetzung ist:

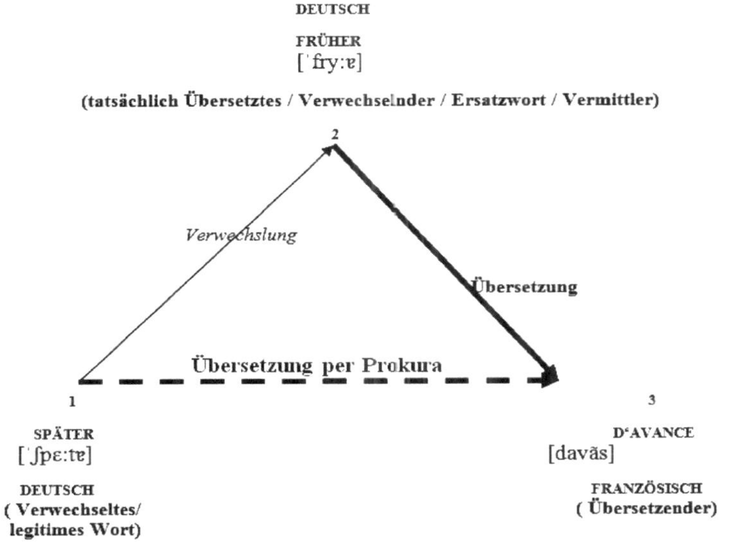

SCHEMA 12
Dreieckige Beschreibung des Mechanismus der Verwechslung zwischen „früher“ und „später“ bei der widersinnigen Übersetzung des Sinnes bezüglich des französischen Wortes „un“

Soweit behandele ich die Verwechslungsprobleme, indem die fehlerhafte serienmäßige Auswahlmöglichkeit der Wörter besprochen wird. Nicht nur Verwechslungsprobleme, sondern auch Interferenzangaben als Fehlerdiagnose können die Übersetzung erheblich beeinträchtigen, und dies versuche ich nachkommend zu zeigen, indem der „falsche Freund“ als typischer Interferenzfehler untersucht wird.

3.3.2- Der Irrweg "Widersinn" durch Interferenzprobleme am Beispiel von "falschen Freunden"[124]

Das Übersetzen hat mit Kommunikation zu tun, soweit der Übersetzer unternimmt, über die Sprachgrenze hinaus, Informationen durch die Schrift als Sprachkanal passend zu übermitteln. Nun aber kann bei diesem Unternehmen das besprochene Übermitteln gestört[125] werden, und somit das Vorkommen fehlerhafter Übersetzungen sichern. Manchmal kommt es vor, dass die Interferenz als Sprachphänomen der Störungsdiagnose solcher Fehler

---

124 "*Par définition, la traduction est une situation de contact linguistique. Les risques d'interférence linguistique entre la langue de départ et celle d'arrivée sont toujours relativement élevés, comme celui qui résulte de l'existence des faux-amis de traduction : des couples de mot dont la forme est voisine (généralement en raison d'une étymologie commune) mais dont le sens est distinct*", Pierre Isabelle, Susan Warwick-Armstrong, *Les corpus bilingues : une nouvelle ressource pour le traducteur,* in : La traductique. Etudes et recherches de traduction par ordinateur, les Presses de l'Université de Montréal, Montréal, 1993, S. 301. Durch dieses Zitat erfahren wir das hohe Interferenzrisiko in der Übersetzung auf Grund von linguistischen Kontakten, wobei größtenteils etymologische Ähnlichkeiten fungieren.

125 „*Die Kommunikation muss störungsfrei verlaufen, darf also nicht durch Beeinträchtigung des Kanals (etwa Lärm bei mündlicher Kommunikation) unterbrochen werden*“, in: *P.* Ernst, ebenda, S. 33.

nicht fremd ist. Wie erklären sich übersetzungsbezogene Interferenzen? Welche Mechanismen liegen einem solchen Fehler zugrunde? Alle diese Fragen möchte ich beantworten, indem ich analytisch verfahrend, tatsächlich Übersetztes als Fehlerkorpus überprüfe.

Dafür werde ich zu Beginn der vorliegenden Analyse versuchen, den Begriff „Interferenz" zu erläutern. Danach zeige ich Interesse für Interferenzprobleme am Beispiel von „falschen Freunden".

3.3.2.1- Zum Verständnis des Begriffs „Interferenz"

Die Interferenz, ein Terminus der Physikwissenschaft, wird generell sinnübertreibend als gegenseitige Einwirkung bezeichnet. Die Studie der Interferenz in linguistischen Büchern ist üblicherweise zielsprachlich orientiert. In dieser Hinsicht wird argumentiert, wie das Erlernen der Fremdsprache durch nachteilig wirkende muttersprachliche Realitäten erschwert ist. Wilhelm Bondzio et. al. meinen nichts anderes, wenn sie sagen: „Die störende Einwirkung der Muttersprache auf den Gebrauch der Fremdsprache gehört zu den Erscheinungen der Interferenz. Unter Interferenz verstehen wir die Verletzung einer sprachlichen Norm unter dem Einfluss anderer Sprachelemente oder Regeln."[126]

Diese Auffassung bewährt sich auch sprachdidaktisch dadurch, dass der Erwerb der Fremdsprache durch die Realitäten der Muttersprache so erschwert werden kann, dass das Lehren bzw. das Dozieren der Fremdsprache Interferenzprobleme ständig lösen soll. Wenn R. Galisson et. al. die Interferenz definieren und dabei von Schülerschwierigkeiten und Sprachfehlern sprechen, sprechen sie genau von besorgniserregendem Erwerb der Sprache. Folgenderweise definieren R. Galisson et. al. die Interferenz:

[126]Wilhelm Bondzio et. al., idem, S. 204.

„difficultés rencontrées par l'élève et fautes qu'il commet en langues étrangères du fait de l'influence de sa langue maternelle ou d'une autre langue étrangère étudiée antérieurement. "[127]

Es kann auch sein, dass die Muttersprache von der Fremdsprache gestört wird, Störungen, die anders als „negativen Transfer"[128] genannt sind und daher sprachdidaktisch als Zentralfrage vorliegen. Dieses Negativitätsmerkmal nennt man auch „muttersprachlich orientierte Interferenz". In Wikipedia wird genau diese Realität besprochen, wenn gesagt wird:

„Der Kontakt mit einer Fremdsprache kann auch dazu führen, dass sich das Sprechen und Schreiben eines Menschen in seiner Muttersprache ändert. Beispiele: Deutschsprachige Jungen namens David und Patrick wollen plötzlich, dass ihr Name „Däivid" und „Pätrick"

---

[127]Dictionnaire de didactique des langues, Robert Galisson / D. Coste (Hrsg.), Hachette, Paris, 1976, S. *291*

[128] *„Unter Transfer verstehen wir die positive Einwirkung einer Sprache auf den Gebrauch einer anderen, in erster Linie die positive Einwirkung der Muttersprache auf den Gebrauch der Fremdsprache. Sie kommt zustande, wenn zwischen den beiden Sprachen eine formale und semantische Übereistimmung besteht, so dass die Übertragung muttersprachlicher Gewohnheiten nicht zur Verletzung fremdsprachlicher Normen führen kann.",* in: Wilhelm Bondzio et. al., ebenda, S. 203.

„In der Fremdsprachpädagogik bezeichnet man mit dem Begriff Transfer i.d.R. die positiven Einflüsse der Muttersprache auf das Erlernen einer Fremdsprache. Auch die Bezeichnung 'Transferenz' oder 'Transposition' wird gelegentlich verwendet. Ebenso wie bei den Interferenzen werden die positiven Transferwirkungen durch Ähnlichkeiten zwischen den Erscheinungen der Muttersprache und der Fremdsprache verursacht. In welcher Art und Weise und in welchem Umfang die Muttersprache positiven Transfer bewirkt, ist bisher wenig untersucht worden...", in: **http://www cs**.upb.de/extern/fb/2 /Kyb.Paed/SMOD/Kapitel2.htm, Einführung in die Grundfragen der Sprachwissenschaft, Seite am 28. März 2011 geöffnet.

ausgesprochen wird, obwohl es sich nicht um ursprüngliche Namen handelt, und aus Johannes wird „Johnny". Solche Anglizismen gelten allerdings nur dann als negative Transfers, also als Interferenz-Phänomene, wenn man sie negativ, also als Fälle von Denglisch (von unangemessener Übernahme der Normen der englischen Sprach) bewertet."[129]

Diese doppelseitige entweder fremdsprachig oder muttersprachig orientierte Hin- und Herbewegung der Interferenz ist ein einleuchtendes Kennzeichen dafür, dass, wenn zwei Sprachen in Kontakt stehen, eine gegenseitige Beeinflussung in Gang gesetzt wird: ein wohltuendes sprachnaturbezogenes Phänomen ist es, das die gesellschaftlichen Beziehungen, wie mir scheint, positiv reguliert. Wenn zwei oder mehrere Sprachen, auf der Basis ihrer Genesis, die Zugehörigkeit einer Sprachfamilie[130] aufweisen, ist die Interferenzmöglichkeit

---

[129] *www.weidia.com/de-wiki/Interferenz/(Linguistik): Interferenz (Linguistik), Seite am 28. März geöffnet.*

[130] Wilhelm Bondzio et. al. besprechen diesen Begriff folgenderweise: *„Die Sprachen werden auf Grund ihrer genetischen Verwandtschaft in Sprachfamilien eingeordnet. Als genetisch verwandt werden dabei solche Sprachen angesehen, die wegen weitgehender Übereinstimmungen in ihrem grammatischem Bau und im Wortschatz auf eine gemeinsame Herkunft schließen lassen. Die indoeuropäische Sprachfamilie ist nur eine unter zahlreichen anderen Sprachfamilien. Wir nennen nur einige von ihnen: die finnougrische, die hamitosemitische, die sinotibetische, die drawidische, die tungusomandschurische, die mongolische, die kaukasische Sprachfamilie. Auch die sogenannten Turksprachen, die Eskimosprachen, das Japanische, das Koreanische bilden eigene Sprachfamilien. Die zahlreichen Sprachen Afrikas gehören zu weiteren 12 Sprachfamilien. Auch die in Amerika noch gesprochenen Indianersprachen und die Sprachen im Gebiet der Südsee, Australiens und Tasmaniens bilden eigene Sprachfamilien. Eine der Sprachfamilien, bei der die Verwandtschaftsverhältnisse relativ klar zutage treten, ist das Indoeuropäische (allein diese Bezeichnung ist international üblich, dafür findet sich früher im*

- mehr als in der Mehrsprachigkeit - umso mehr plausibel, da historische[131] Sprachverwandtschaft Ausgangspunkt einer Interferenz auf lexikalischer sowie morphosyntaktischer Ähnlichkeitsbasis ist. Diese Kernrealität der Sprache unter diachronem[132] Blick findet in dem Indoeuropäischen ein Ausdrucksfeld, soweit dort Sprachen mit gleichem Stammbaum gewisse sprachliche Ähnlichkeiten haben und somit eine Entstehungsherde der Interferenz schaffen. Ja, die indoeuropäischen[133] Sprachen

deutschen Sprachgebiet auch der Terminus indogermanisch.", in: W. Bondzio et. al., ebenda, S. 64.

131 „*Die Sprachgeschichte fasst die Erkenntnisse und Ergebnisse der Diachronen sprachwissenschaftlichen Forschung zusammen. Sie beschreibt den Zustand der Sprache und ihrer Teilsysteme in vergangenen Sprachperioden und die Veränderungen, die sich im Laufe der geschichtlichen Entwicklung eingestellt haben, und deckt ihre Ursachen auf*", in: W. Bondzio et. al., ebenda, S. 189.

132 In der Terminologie Saussures, wie J. Lyons etwa schreibt, ist unter Diakronie und Synkronie zu unterscheiden, wobei mit Diakronie die historische Entwicklung der Sprache und mit Synkronie ein geschichtlicher Zeitpunkt bezogen auf eine angegebene Sprache gemeint ist: « *L'une des grandes distinctions conceptuelles et terminologiques que Saussure a introduites en linguistique est la distinction entre l'étude diachronique et l'étude synchronique de la langue…L'étude diachronique d'une langue donnée est la description de son évolution historique (« à travers le temps ») ; ainsi une étude diachronique de la langue française pourrait traiter de son évolution depuis l'époque de nos documents les plus anciens jusqu'à nos jours, ou bien elle pourrait couvrir une période plus limitée. L'étude synchronique de la langue est la description d'un « état » de cette langue (à un « moment » donnée).* », in : J. Lyons, Linguistique générale. Introduction à la linguistique théorique, coll. langue et langage, Larousse, 1970, Paris, S. 37.

133 „*Zu Beginn des 19. Jahrhunderts wurden nach und nach die historischen Beziehungen vieler Sprachen aufgedeckt; sie zeigten, dass das Deutsche und die meisten Sprachen Mitglieder einer großen Sprachfamilie, des Indoeuropäischen (Ieur., Adj. ieur.), waren. Die heute übliche Bezeichnung Ieur. hat den Ausdruck Indogermanisch ,Idg.) ersetzt, der 1823 von dem*

geben uns Aufschluss darüber, wie historische Sprachverwandtschaft mit dem Kolorit geographischer Realitäten seit der kontaktgünstigen Völkerwanderung eine potentielle gegenseitige Beeinflussung verwandter Sprachen heutzutage begünstigen kann. Die Verwandtschaft indoeuropäischer Sprachen hat die Sprachwissenschaft stammbaumtheoretisch konzipieren können, eine Theorie, die auf August Schleicher zurückgeht, und die Wikipedia folgendermaßen tief erklärt:

*„Die **Stammbaumtheorie** in der Linguistik wurde von August Schleicher Mitte des 19. Jahrhunderts entwickelt. Er ging davon aus, dass sich Sprachen analog der Evolutionbiologischer Arten aus Ursprachen entwickeln. Danach verhalten sich die Beziehungen und Verwandtschaftsverhältnisse zwischen Sprachen genauso wie die der Arten in der Biologie, die sich in Form von phylogenetischen Stammbäumen darstellen lassen.*

Sprachwissenschaftler J. Klaproth eingeführt wurde.“, in: J. Volmert (Hrsg.), Grundkurssprachwissenschaft, 4. Auflage, Wilhelm Fink Verlag, München, S. 31.

Was Volmert hier über die Schöpfer der Benennung „Indogermanisch“ sagt, steht im vollen Widerspruch zu dem, was in „Wikipedia“ zu finden ist: in dieser Enzyklopädie erfahren wir, dass Franz Bopp der Urheber dieser Benennung ist: *„Ende des 18. Jahrhunderts erkannte der englische Orientalist William Jones aus Ähnlichkeiten zwischen Sanskrit und einigen europäischen Sprachen dass es für diese Sprachen eine gemeinsame Wurzel geben muss. Der Deutsche Franz Bopp brachte 1816 in seinem Buch* **Über das Konjugationssystem der Sanskritsprache in Vergleichung mit jenem der griechischen lateinischen persischen und germanischen Sprache** *den methodischen Beweis für die Verwandtschaft dieser Sprachen und gilt daher - zumindest im deutschen Sprachraum - als Entdecker des Indoeuropäischen - von ihm indogermanisch genannt.“*, in: de.wikipedia.org/wiki/Indogermanische Sprachen, Seite am 24. Juli geöffnet.

Ausgehend von seinen evolutionstheoretischen Überlegungen entwickelte August Schleicher u. a. das Stammbaummodell der indogermanischen Sprachfamilie. Stammbaummodelle sind hierarchische Modelle, in denen sich Tochtersprachen "genetisch" zusammenhängend aus Elternsprachen entwickeln. So sind die romanischen Sprachen Tochtersprachen von Latein, Latein ist eine Tochtersprache von Italisch, Italisch eine Tochtersprache des Indogermanischen. Stammbaummodelle werden heute verwendet, um die Beziehungen zwischen Sprachen darzustellen und sie zu gruppieren. Durch Sprachvergleich kann man Verwandtschaften entdecken und Elternsprachen teilweise rekonstruieren. So wurde die indoeuropäische Sprache zum Teil rekonstruiert. Das Stammbaummodell führt, zu Ende gedacht, gegebenenfalls zu einer gemeinsamen Ursprache aller Sprachen. Darauf deuten bestimmte Erscheinungen des Basiswortschatzes und neuerer genetischer Forschungen hin, es ist aber umstritten, da jede weitere erschlossene ältere Stufe des Sprachstammbaums größere Unsicherheiten beinhaltet.“[134]

---

[134] de.wikipedia.org/wiki/Stammbaumtheorie: Stammbaumtheorie, Seite am 23. Juli 2011 geöffnet.
Diese Theorie wird übrigens von Linguisten kritisiert: *„Die Junggrammatiker, die die Sprachwissenschaft seit den 70er Jahren des 19. Jahrhunderts nachhaltig prägten, lehnten die Stammbaumtheorie ab und favorisierten stattdessen die Wellentheorie von Johannes Schmidt. Johannes Schmidt argumentierte, dass sich die indogermanischen Einzelsprachen nicht so einfach in einen Stammbaum einteilen lassen. Er nahm gegenseitige sprachliche Beeinflussungen an, die dann auftraten, wenn Sprachgruppen miteinander in Kontakt kamen. So gibt es auffallende Ähnlichkeiten zwischen dem Griechischen und dem Italischen, sowie zwischen dem Italischen und demKeltischen. Ähnliche Beziehungen gibt es zwischen dem Italischen und Keltischen (einerseits) und dem Germanischen (andererseits). Das Germanische wiederum hat spezielle Ähnlichkeiten mit dem*

Folgende Tabelle, bezogen auf die indoeuropäischen Sprachen, zeigt uns genau diese Verwandtschaft im Lichte dieser Stammbaumtheorie klarer:

Slawischen und demBaltischen. All diese Beziehungen lassen sich nicht in einen Stammbaum fassen. Auch die Sprachgeographie arbeitet seit Jahrzehnten nicht mehr mit der Stammbaumtheorie, weil diese Theorie das ständige Vermischen und Sich-Beeinflussen von Sprachen nicht berücksichtigt. Trotz der Kritik an der Stammbaumtheorie hielten einige Sprachwissenschaftler noch um die Jahrhundertwende (1900) an dieser Theorie fest.", in: de.wikipedia.org/wiki/Stammbaumtheorie, Seite am 28. Juli 2011 geöffnet.

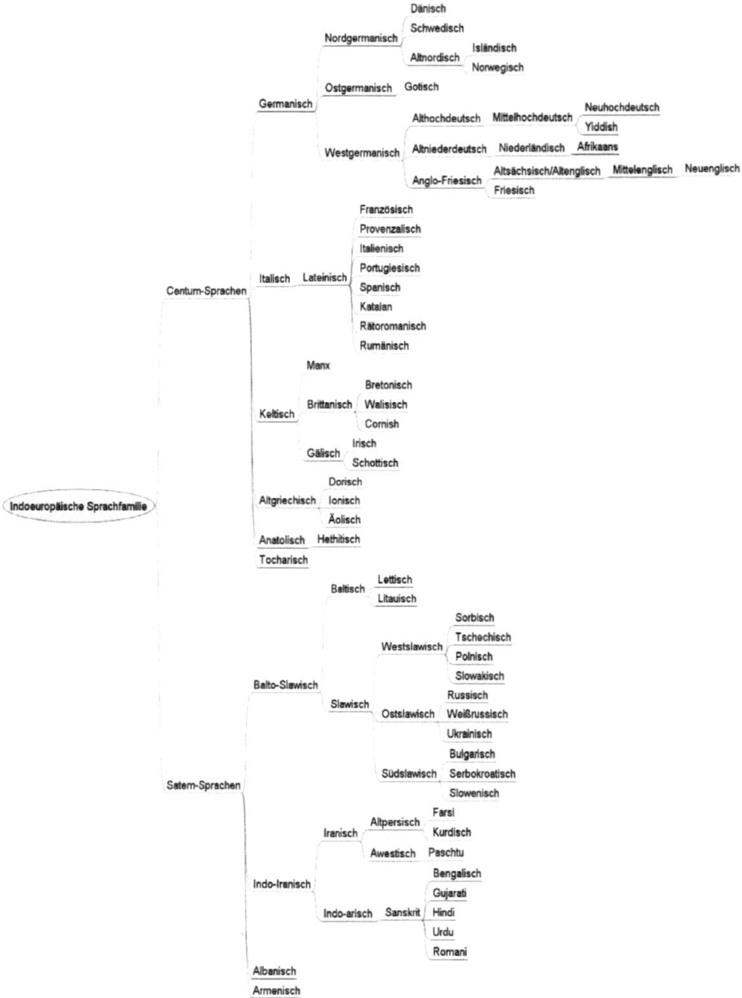

SCHEMA 13: Stammbaum der indoeuropäischen Sprachen[135]

[135] In: wiki.zum.de/Benutzer: Herr_Rau: Stammbaum der indoeuropäischen sprachen, Seite am 23. Juli 2011 geöffnet.

Etwas detailliert wird nachstehend die Herkunft germanischer Sprachen gezeigt, die eine indoeuropäische Sprachverwandtschaft mit germanischer Färbung aufweist:

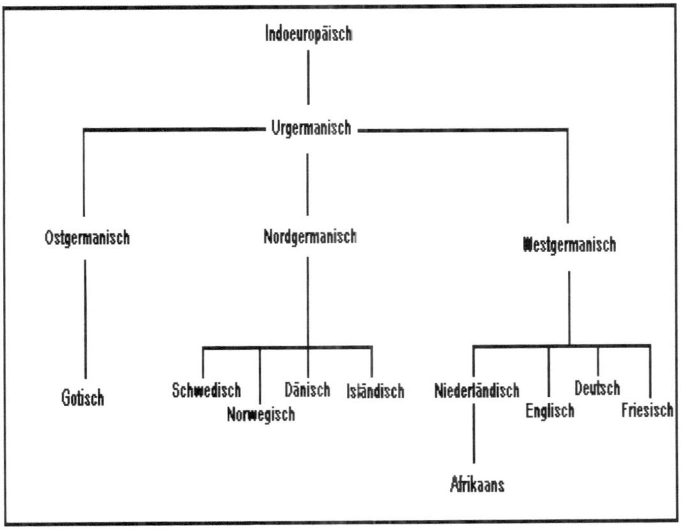

SCHEMA 14[136]

Stammbaum der deutschen Sprache

Quelle: H. Münzer, Handbuch Rhetorik, © *Kultur-Netz-Service 1996-2002*

Spezifisch auf die deutsche Sprache bezogen, haben historische Kontaktsituationen einen Sprachwandel des Deutschen durch gegenseitige Beeinflussungen ausgelöst. Die historischen Beziehungen Deutsch-Latein, Deutsch-Französisch und Deutsch-Englisch zeigen Spuren dieser Beeinflussungen, wie Jörg Meibauer et. al. es tabellarisch[137] sehen lassen:

---

[136] *www.linguistik-online.uni-kiel.de/germanistik_I.htm, Sprachgeschichte Deutsch, Seite am 24. Juli 2011 geöffnet*

[137] Jörg Meibauer, Ulrike Demske et. al., ebenda, S. 327.

Deutsch-Latein	*Deutsch-Französisch*	*Deutsch-Englisch*
Germanenreiche, Römerzeit (6. Jh.)	hohes Mittelalter:	Angelsächsische Mission
Christianisierung, Missionierung	Kultur des Rittertums	(8. Jh.)
Gründung zahlreicher Kloster,		Aktuelle Globalisierungseffekte
Bildungsreform Karl des Großen		
(8. -10. Jh.)	16.-18. Jh.: Alamodewesen	
Humanismus (15. -16. Jh.)	Hugenottenkriege	

Die historische deutsch-englische Sprachverwandtschaft zum Beispiel hat ähnlichkeitsbezogen lexikalische sowie grammatische Spuren, wie John Lyons Gedanken es bestätigen:

« On sait qu'il peut y avoir différents degrés de ressemblance entre les langues. De façon très générale, les ressemblances entre les langues peuvent se diviser en deux types : ressemblance de vocabulaire et ressemblance de structure grammaticale. Par exemple, si nous comparons l'anglais et l'allemand, nous constatons qu'il y a de nombreux mots, dans toutes les parties du vocabulaire usuel des deux langues, qui se ressemblent par la forme et par le sens : son : Sohn, mother : Mutter, brother : Bruder, six : sechs, seven : sieben, have : habe, must : muss, can : kann, etc. Mais entre l'anglais et le russe, les exemples de ressemblance lexicale sont beaucoup moins nombreux »[138]

Wenn die Interferenz das Sprechen der Muttersprache sowie das Erlernen der Fremdsprache stören kann, kann aber auch über diese binominale Realität hinaus, von der Beziehung zwischen vielen Fremdsprachen die Rede sein, wie übrigens in Wikipedia erläutert wird:

„Daneben gibt es auch Interferenzfehler bei Menschen, die mehrere Fremdsprachen beherrschen, und zwar

---

[138] J. Lyons, idem, S. 19.

dadurch, dass Phänomene einer Fremdsprache auf eine andere übertragen werden. Besonders häufig treten Interferenzen auf, wenn zwei Sprachen eng verwandt sind (z. B. wenn jemand sowohl Spanisch als auch Italienisch beherrscht).“[139]

In dieser Hinsicht ist doch klar, dass die Bantu-Sprachfamilie zum Beispiel mit anderen historischen sowie geographischen Realitäten wenige Chancen hat, mit indoeuropäischen Sprachen zu interferieren, mit denen sie nicht verwandt ist. Wenn eines Tages aber die Entwicklung der Aktualität es erlaubt, dass weit entfernte Sprachfamilien in Kontakt kommen, so wäre eine Interferenz durch ein Sprachwandelpotential völlig möglich, denn die Verteilung der Sprachfamilie ist, wie mir scheint, wegen Sprachwandelmöglichkeit nicht fest, ein Wandel, der letztendlich von dem geographischen Raum[140] nicht begrenzt werden kann: Sprache ist immer unterwegs[141], dem Wandel immer unterzogen und eine räumliche Begrenzung irgendwelcher Natur kann diesen Drang überhaupt nicht hemmen, es sei denn, dass die

---

139 In: de.wikipedia.org/wiki/Interferenz_(Linguistik), Interferenz (Linguistik), Seite am 24. Juli 2011 geöffnet.

140 „*Neben diesen Sprachkontaktsituationen auf europäischem Boden tritt das Deutsche auch in Übersee in Kontakt mit anderen Sprachen: Das gilt für das seit dem 17. Jahrhundert an der Ostküste gesprochene Pennsylvaniadeutsch, das in Abhängigkeit von verschiedenen außersprachlichen Faktoren unterschiedlich stark vom Englischen beeinflusst wird. Und das gilt auch für Sprachkontaktsituationen in der Folge von deutschen Kolonisierungsbestrebungen wie etwa auf Neuguinea, wo die auf dem Deutschen basierende Kreolsprache Rabaul entstanden ist.*“ J. Meibauer et. al. zitieren Romaine (1988), in: J. Meibauer et. al., ebenda, Seite 327.

141 Humboldt meint es auch, wenn er die Sprache so auffasst: „*Die Sprache, in ihrem wirklichen Wesen aufgefasst, ist etwas beständig und in jedem Augenblicke Vorübergehendes....*“; Humboldt ist hier von G. Wolff zitiert, in: G. Wolff, idem, S. 22.

Menschen weltweit kontaktlos leben, was der menschlichen Natur fremd ist.

Im Bereich der Übersetzung kann die Fremdsprache von der Muttersprache negativ oder positiv beeinflusst werden, und somit kann der Umgang mit der Übersetzung interferenziell gestört oder transferbezogen erleichtert werden. Dies ist der Fall, wenn zum Beispiel von der Muttersprache „Französisch" in die Fremdsprache „Deutsch" übersetzt wird. Das Gegenbeispiel, das heißt, wenn von der Fremdsprache Deutsch in die Muttersprache Französisch übersetzt wird, so kann die Übersetzung durch Interferenz oder Transfer beeinflusst werden, wenn der Übersetzer als Zweisprachler beide Sprachen relativ gleichermaßen so beherrscht, dass sich Französisch und Deutsch in seiner Sprachleistung wechselseitig beeinflussen können. Jörg Meibauer et. al. bestätigen übrigens Obengesagtes, wenn sie meinen: *„Die Beeinflussungen, d. h. die Interferenzen zwischen den Kontaktsprachen können einseitig oder wechselseitig sein.“*[142].

Wenn auf jeden Fall eine übersetzungsmäßige Interferenz vorkommt, ist es genauso wie sich physikalisch zwei Wellen[143] überlagern und daher die Übertragung des Schalls problematisieren: bei der Übersetzung mit interferenzieller Störung wird die Übertragung des Sinnes durch morphologische oder morphosyntaktische Ähnlichkeiten gestört.

Beim Übersetzen entsteht Fehlerhaftes durch Interferenz nicht versehentlich wie bei der Verwechslung, sondern durch zwischensprachliche Ähnlichkeiten mit

---

[142] J. Meibauer, Ulrike Demske et. al. , ebenda, S. 327.

[143] *„Schwingende, sich von einem Punkt fortpflanzende Bewegung (Lichtwelle, Radiowelle, Schallwelle).“*, in: G. Wahrig, Wahrig . Deutsches Wörterbuch, Bertelsmann Lexikon-Verlag, Gütersloh, 1971, S. 3987.

psycho-logischer Kohärenz. Ich spreche von psycho-logischer Kohärenz, während Földes, laut M. Cüsters und D. Leurs, von Unbewusstheit spricht, und so sind wir uns darüber einig, dass Fehler interferenziellen Typs mit der Psyche zu tun haben:

„ Laut Földes (2005) entsteht eine Interferenz, weil jeder in der Fremdsprache ungeübte Muttersprachler unbewusst das eigene Phoneminventar als universell annimmt. Er hört nicht den fremden Laut, sondern das, was er auf Grund seiner Muttersprache gewohnt ist zu hören und er bildet den Laut so, wie er ihn aus dem Munde der fremdsprachigen Muttersprachler zu hören meint.“[144]

Erstes Merkmal der Interferenz ist oft ihr unerwartetes Auftreten bei kontextklaren relativ usuellen Wörtern. Solche Fehler bringen erstrangig seitens des Überprüfers ein Erstaunen hervor. Seitens des Übersetzers sind solche unerwarteten Fehler vom Übersetzer vermutlich spontan realisiert, indem er eine automatische Re-aktion ohne weitere kontextbezogene Überlegungen hat.

Im Gegensatz zur Verwechslung wird bei der Interferenz nicht „per Prokura“ (durch Ersatzwörter bzw. Vermittler), sondern direkt vom Sinn des übersetzten Wortes zum übersetzenden Wort übersetzt.

Ich bespreche nachstehend Interferenzprobleme im Rahmen der Übersetzung von falschen Freunden, welche Deutsch und Französisch angehen. Durch die obigen Anmerkungen, in denen der Sprachkontakt Deutsch-Französisch geschichtlich einen Boden findet, kann verstanden werden, dass zwischen Deutsch und

---

[144] In: www.surfsharekit.nl:8080/get/smpid:4069/DS1/, M. Cüsters, D. Leurs, Therapeutische niederländische Hausaufgaben in Kombination mit einer deutschsprachigen Artikulationstherapie, Seite am 24. Juli 2011 geöffnet.

Französisch, über die Sprachgrenze hinaus, sprachliche Ähnlichkeiten bestehen, die die Studie der „falschen Freunde" berechtigen.

Dargestellt werden jetzt Interferenzprobleme als Fehlergrund in der Übersetzung, dies in Anlehnung an die problematischen „falschen Freunde", und dafür werde ich, textanalytisch verfahrend, das theoretisch Gesagte mit der Realität von fehlerhaften Übersetzungen konfrontieren.

3.3.2.2- Darstellung der Interferenzprobleme im Bereich des Widersinnes am Beispiel von "falschen Freunden .

Die in diesem Kapitel analysierten studentischen Übersetzungen sind 1993 im Seminar beobachtet worden und stammen aus Hausarbeiten von Studenten, die im ersten Jahrgang der Deutschabteilung an der Universität Abidjan-Cocody saßen. In den fehlerhaften Übersetzungen, die den Korpus ausmachen, sind Fehler aufgetaucht, die mit der Übersetzung des Sinnes eines „falschen Freunds" zu tun haben, welcher hier als Bestandteil eines Kompositums vorliegt. Dass die Übersetzung des Studenten einen falschen Freund im Hintergrund hat, will ich in den kommenden Zeilen aus Argumenten stützen.

Meines Erachtens sind Falsche Freunde[145] bei Übersetzungen solche Trugwörter, die der Form nach, so

---

[145] *„Als **Falschen Freund** bezeichnet man ein Paar aus einem fremdsprachigen Wort und einem Wort der Muttersprache, das sich in Schrift oder Aussprache ähnelt, jedoch nicht in der Bedeutung. Falsche Freunde gehören zu den Übersetzungsschwierigkeiten und Interferenzfehlern und verleiten zu einer falschen Übersetzung. Im Englischen werden sie als „false friends" bezeichnet, im Französischen sind sie unter dem Namen „faux-amis" bekannt.*", in: de.wikipedia.org/wiki/**Falscher_Freund**, Falscher Freund, Seite am 17. Juni 2011 geöffnet.

identisch oder größtenteils so ähnlich aussehen, dass der Übersetzer unbewusst dazu neigt, an ein zwischensprachliches Sinnkontinuum zwischen diesen „Zwillingswörtern" zu denken und konsequent zu übersetzen, obwohl die betreffenden Wörter untereinander sinnfremd vorliegen. Parkes und Cornell (1992:6), zitiert nach Irene Doval, meinen fast das Gleiche, wenn sie Folgendes schreiben: *„False friends are words in two (or more) different languages which look or sound very similar but which have different meanings."*[146] So aufgefasst kann verstanden werden, warum die Studie der falschen Freunde in die Studie der Interferenz gehört, wie übrigens Irene Doval schreibt:

„Das Problem der falschen Freunde (FF) ist eine der häufigsten Quellen von Interferenzfehlern, die in verschiedenen Phasen des Erlernens einer Fremdsprache und auf allen Ebenen der fremdsprachlichen Kompetenz auftreten können."[147]

Betrachten wir jetzt das Wort „Marmorfigur" im folgenden Text:

„Grobe Probleme beim Verständnis fremder Sprachen bzw. bei der Produktion verständlicher Äußerungen in einer fremden Sprache bereiten vor allem „Falsche Freunde". Dabei handelt es sich um Wörter, die ähnlich bzw. gleich klingen wie Wörter der Muttersprache, aber eine andere Bedeutung haben. Daraus ergibt sich oft Irrtum, das Wort bedeutet: dasselbe wie in der Muttersprache",In: de.wikipedia.org/wiki/Interferenz_(Linguistik), Seite am 24. Juli 2011 geöffnet.

„Typische Fehler nach der Fehlerlinguistik sind die so genannten falschen Freude, außerdem Transferfehler und Interferenzfehler sowie Übergeneralisierungen", in: P. Ernst, ebenda, S. 263.

146 Irene Doval, *Eine besondere Frage der zweisprachigen Lexikographie*, Artikel online, www2.rz.hu-berlin.de/linguistik/institut/.../abstracts.htm, Seite am 28. März 2011 geöffnet.

147 Irene Doval, idem.

„ ...*In diesem Neger-Clubhaus stand unten in der Halle auf einem Sockel eine Marmorfigur. Man sah, dass sie keinen Neger darstellte. Ich wunderte mich, dass die Schwarzen dort einem Weißen ein Denkmal errichtet hatten*....“[148]

Von Studenten übersetzt wurde der Sinn dieses Wortes wie folgt pfeilschematisch klar dargestellt:

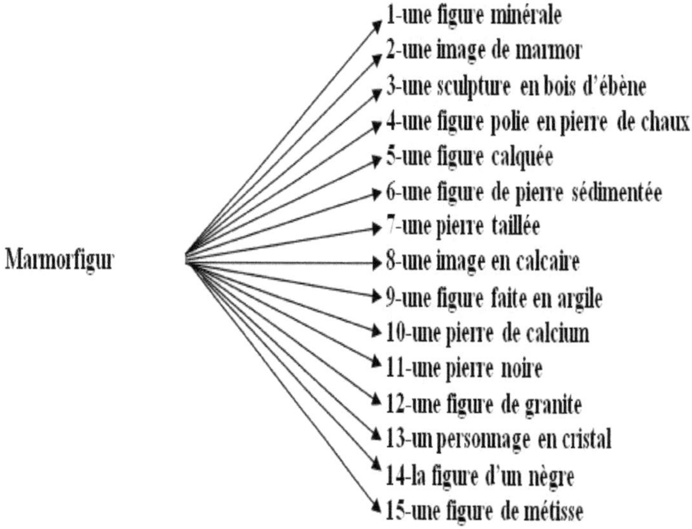

SCHÉMA 15

Gesamtübersetzungen[149] des Sinnes des Wortes « Marmorfigur » aus studentischer Leistung

---

[148] Textauszug aus: W. Busch, Jesus, unser Schicksal, Schriftenmissions-Verlag, Neukirchen-Vluyn,198, S.40.

[149] 15 Mal über 15 liegen keine korrekten Übersetzungen vor, in denen Unsinne (vgl. Übersetzungen 2, 4 und 10) sowie widersinnige Übersetzungen (vgl. Übersetzungen 11 und 12) aufzuzählen sind.

Aus diesen Übersetzungen kommen folgende Widersinnfehler, wie das Schema unten es zeigt:

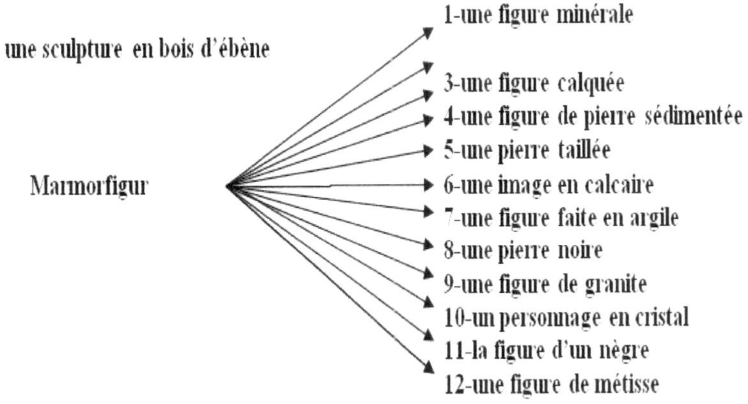

SCHEMA 16

Widersinnparadigma[150] bei der Übersetzung des Sinnes des Wortes « Marmorfigur » aus studentischer Leistung

Warum hier unter 15 Übersetzungen 12 mal widersinnig übersetzt wird - wie beim Pfeilschema 16 zu sehen ist - lässt sich genau durch den Status des Kompositums „Marmorfigur" erklären, welches als schwieriges oder angenommen schwieriges technisch

---

[150] *„Sprachliche Zeichen sind durch zweifache Beziehungen in das System eingebunden: durch syntagmatische und paradigmatische Beziehungen. Syntagmatisch (aus griech. syntagma = das Zusammengefügte) bedeutet, dass das Zeichen in horizontaler Richtung, im Nacheinander mit anderen sprachlichen Zeichen, Bindungen eingeht... Auf der zweiten „Achse" der Systembeziehungen jedes Zeichens finden wir die paradigmatischen Beziehungen (aus griech. paradigma = das Beispiel, wörtl.: das anstelle von etwas Gezeigte).*", in: J. Volmert (Hrsg.), Grundkurs Sprachwissenschaft, 4. Auflage, idem, S. 26. Unsinne sind hier getilgt worden.

bezogenes Wort[151] mit dem grundwörtlichen falschen Freund "-figur" vorliegt.

Das untere Pfeilschema - zergliedert zwischen Determiniertem und Determinierendem - zeigt besser, wie das determinierte Grundwort „-figur“ als deutscher falscher Freund des französischen Wortes „figure“ mehrheitlich acht Mal (über fünfzehn Übersetzungen) den Studenten Übersetzungsschwierigkeiten bereitete:

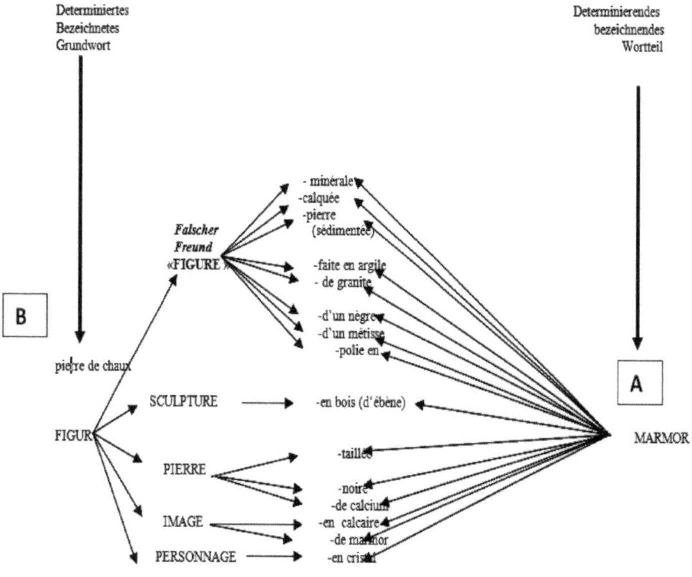

SCHEMA 17
Determiniertes und Determinierendes im Wort „Marmorfigur „ als kontextbezogenes Kompositum : jeweilige Sinne in studentischen Übersetzungen

---

151 Gebildete oder meist geschöpfte Wörter durchströmen den Neologismus, bereichern somit den Wortschatz entscheidend, sind aber im Bereich der Übersetzung als schwierig angesehen, vor allem von den Studenten befürchtet. Solche Wörter werden oft mit Hilfe von Fachwörterbüchern übersetzt, was bei beruflichen Übersetzern oft zu sehen ist.

Das Wort „Marmorfigur" gehört hier in den Bereich der so genannten „Technikwörter", d.h. solche Fachwörter, deren Sinn Fachkenntnisse benötigt und deshalb dem frisch gebackenen Übersetzer nicht zugänglich ist. Zwar im Bereich der Technik - aber auch auf wissenschaftlichem Gebiet - ist eine große Zahl solcher Wörter zu finden, denn auf diesen Forschungsfeldern, auf denen fast jeden Tag weltweit entdeckt oder erfunden wird, entsteht eine ungeheure Menge von Neologismen zur Benennung der Dinge, zur Beschreibung der werdenden Welt. Auf der Basis des Obengesagten erwartet der Lehrer bzw. der Dozent in der Deutschstunde bezüglich der pädagogischen Übersetzung[152], dass Schüler bzw. Studenten hier logisch auf die Übersetzung des Sinnes des Wortes „Marmorfigur" stoßen. Nach eingehender Prüfung der kontextbezogenen Vor- und Nachfelder des Wortes „Marmorfigur" ist anzumerken, dass Wörter wie „Sockel" (im Vorfeld), „darstellen" und „Denkmal" (im Nachfeld) den Sinn des Wortes „Marmorfigur" als kontextbezogene Erklärungserleichter hätten fungieren können. Nur beschreiben diese Wörter das bezeichnete Wort „-figur" allzu generell, so generell, dass der Sinn dieses Grundwortes nicht genau begriffen werden kann. Zwar determiniert das bezeichnende Wort „Marmor-...", als Baumaterie, das bezeichnete Wort „-figur". Nur liegt es, genauso wie das Grundwort „...-figur", das es beschreibt, technisch problematisch vor: das Wort „Marmor-" wird nicht in der üblichen Sprache gebraucht, bloß weil der Referent bzw. das Denotat als edle Baumaterie sehr selten zu finden ist, und somit wird die Benennungsmöglichkeit durch „Marmor" selten aktualisiert. Dazu kommt, dass das Grundwort „...-figur" trügerisch als „falscher Freund" im Wege einer passenden Übersetzung ins Französische steht.

---

[152] Damit ist die Übersetzung als Klassenarbeit gemeint.

„…-figur“ schreibt man fast unverändert auf Französisch „figure“ (mit dem unterscheidenden e- Vokal), weist jedoch auf einen anderen Referenten: (vgl. auf Französisch „Visage / (Gesicht)“; „image / (Bild)“ gegenüber „Denkmal “ auf Deutsch.

Interferenziell bezogen auf die falschen Freunde wird eigentlich „-figur“ durch „figure“ übersetzt, denn folgende zwischensprachliche Ähnlichkeiten (also nicht innerhalb der Sprache „Deutsch“) sind in dieser Hinsicht bemerkenswert: das deutsche „ -figur“ und das Französische „ Figure“ liegen trotz phonetisch unterscheidender Merkmale (vgl. [u:] und [ɐ̯] bei [fi‘gu:ɐ̯] (-figur) und [✡] und [☼] bei [fig✡☼] (figure)) graphemisch fast unverändert vor. Diese „verblüffende“ Ähnlichkeit wirkt nachteilig auf die Übersetzung, stört sie derart, dass sich ein „ wörtliches Sinnkontinuum“ ohne weitere Überlegungen "psycho-logisch" vom deutschen Wort „-figur“ zum französischen „ Figure“ durchsetzen kann. Der Sinn „Figure“ (wie oben auf Französisch referiert) hat aber nichts mit dem kontextual passenden Sinn "Bildhauerei" zu tun, dem er widerspricht: dieser Sinn enthält auf Deutsch die Merkmale „Form“, „Gestalt“..., welche den durch das Wort "figure" auf Französisch gemeinten Referenten unzufrieden beschreiben, und somit auf unterschiedliche Referenten über die Sprachgrenze "Deutsch-Französisch" hinaus aufweisen. Letztendlich hätte die passende Übersetzung von "Marmorfigur" auf Französisch "sculpture en marbre" lauten sollen: bei einer solchen Übersetzung trägt der gemeinte Referent die Merkmale „Form“, „Gestalt“... zufriedenstellend, die durch das Kompositum "Marmorfigur" gemeint sind.

Soweit analysiere ich die falschen Freunde im Bereich des Widersinnes, im Lichte von morphophonologischen Ähnlichkeiten zwischensprachlicher Art, die als Grund von fehlerhaften interferenzbezogenen Übersetzungen zu betrachten sind.

3.3.3- Der Irrweg "Widersinn" durch das Binom Wortverwechslung / Interferenz als komplexen Fehlergrund.

Die Wörter, die wir gebrauchen, sind formal unterschiedlicher Natur. Das Übersetzen als menschliche Aktivität zum Wiederausdruck des Wortsinnes in der Zielsprache ist oft mit vielseitigen Problemen konfrontiert. Sprachliche Tatsache ist es, dass die Benennungsfunktion der Sprache die ständige Erweiterung des Wortschatzes erfordert, und deshalb werden Wörter geschaffen oder größtenteils durch morphologische Veränderungen aus schon geschöpften Wörtern neu gebildet (vgl. Neologismus). Auf dieser Grundlage bekommt die Menschheit tausende von Wörtern, so viele Wörter weltweit, dass im Prinzip morphophonologische Ähnlichkeiten in Sprachen nicht ausgeschlossen sind. Die Fehlübersetzungen, die der Übersetzer macht, sind genau von dieser Sprachrealität eingeprägt. In dieser Wortmenge sind aber nicht alle Wörter, der Form nach, zugleich sprachlich verwechselbar und zwischensprachig interferenzfähig. Der Umgang mit solchen doppelseitigen Wörtern erhöht das Fehlerrisiko. Aus diesem Grund wird der Belang der vorliegenden Untersuchung gerechtfertigt. In dieser Hinsicht wird zu verstehen versucht, wie Verwechslung und Interferenz[153] als Sprachphänomene

---

[153] Lederer betrachtet die Interferenzen als eines der schwersten Hindernisse zur guten Übersetzung : *« Or, l'on sait que les interférences sont l'un des plus graves obstacles à la bonne traduction ; le traducteur qui traduit généralement dans sa langue maternelle a conscience qu'il lui faut lutter sans faiblir contre la rémanence des formes de la langue étrangère dans son expression.*

potentiell als Fehlerkomplex gemeinsam bewirken können. Dafür erkläre ich zu Beginn folgender Analysen, was ich hier unter Fehlerkomplex theoretisch verstehe, und dann versuche ich widersinnige Übersetzungen zu untersuchen, die hypothetisch aus diesem Komplex erklärt werden können.

3.3.3.1- Das Binom Verwechslung / Interferenz als potentieller übersetzungsbezogener Fehlerkomplex: was ist theoretisch darunter zu verstehen?

Es können zwei Wörter ausgangssprachig so ähnlich aussehen, dass sie versehentlich vom Übersetzer verwechselt werden können, und daher eine fehlerhafte Übersetzung auslösen. Was hier übersetzt wird, ist nicht der Sinn des „legitimen" Wortes, das im ausgangssprachigen Text liegt und „offiziell" übersetzt werden sollte. Eher der Sinn des ausgangssprachigen Ersatzwortes - in Ähnlichkeitsbezug mit dem Sinn des legitimen Wortes - wird übersetzt. Wenn aber der Übersetzer aus dieser intralingualen Ähnlichkeitsbasis übersetzt, so übersetzt er fehlerhaft verwechselnd.

Es kann aber anders sein. Ohne mittelbaren Rückgriff auf ein Ersatzwort, das heißt, ohne legitimes Wort und Ersatzwort in der Ausgangssprache zu verwechseln, kann der Übersetzer direkt fehlerhaft übersetzen, dadurch, dass ein Wort der Ausgangssprache einem extratextuellen Wort der Zielsprache ähnelt: dabei betrachtet der Übersetzer ohnehin kontextuelle bzw. situative Angaben. Dieses zwischensprachliche Verfahren kann nur aus Interferenz erfolgen.

Da die fehlerhafte Übersetzung eines bestimmten ausgangssprachlichen Wortsinnes hier zweierlei fehlerhaft durch Wortverwechslung und Interferenz erklärt werden

---

Tout ce qui va à l'encontre de ses efforts est par conséquent à décourager. »[153], in : M. Lederer (1994), ebenda, S. 136

kann, heißt es, dass ein Wort, das einen derartigen Sinn trägt, ausgangssprachig sowie zielsprachig ähnlichkeitsbezogene Stützpunkte hat, die potentiell als Fehler vorliegen und versehentlich (Fall der Verwechslung) oder psycho-logisch[154] (Fall der Interferenz) aktualisiert werden können. Vom Komplex spreche ich wegen der möglichen Aktualisierung einer binären Fehlerquelle durch das Vorkommen des Aggregats Verwechselung / Interferenz bei der Übersetzung eines angegebenen Wortsinnes. Von Potentialität ist hier die Rede, da es aufgrund von vielseitigen Ähnlichkeiten denkbar ist, dass das ausgangssprachige legitime Wort mit dessen extratextuell vorliegendem Ersatzwort verwechselt wird. Diese Potentialität ist genauso wegen lexikalischer Verwandtschaften in der Sprache auch zwischensprachlich interferenziell möglich. In dieser Potentialität liegt eigentlich der Irrweg eines Sinnkontinuums zur fehlerhaften Übersetzung. Wie sich diese vielseitigen Sprachverwandtschaften bei der fehlerhaften Übersetzung eines Wortsinnes verknüpfen, wird in den unteren Zeilen durch Beispielsätze untersucht, wobei der Widersinn zu erkennen ist.

[154] Aller Wahrscheinlichkeit nach sei das Erlernen der fremden Zweitsprache durch psycholinguistische Widerstände gestört, wie J. R. Ladmiral sagt : « *L'apprentissage de la langue seconde étrangère serait perturbé en raison des résistances psycholinguistiques développées par la langue maternelle* », in : J.R. Ladmiral, Traduire : théorèmes pour la traduction, Gallimard, Paris, 1994, S. 25.

3.3.3.2- *Analyse des Widersinnes im Lichte des Binoms Verwechslung / Interferenz als potentiellen Fehlergrundes*

Betrachten wir die folgende fehlerhafte Übersetzung:

Satz 1: Nach der Mittagspause beginnt die Arbeit von neuem.

fehlerhaft

übersetzt: **Après le repos de midi commence le travail jusqu'à neuf heures.**[155]

Die Übersetzung des Sinnes vom Wort „neuem" durch die Zahl „neuf" (vgl. neun) zeigt einen Widersinn, in dem beide Wörter semantisch entgegengesetzt sind: dass die Arbeit wiederholt wird (vgl. „von neuem"), heißt keinesfalls, dass sie um neun Uhr endet! Auch hier gehört das Grundmorphem „neu" (aus „neu-em", in dem das grammatische Endmorphem „-em" zu sehen ist) nicht in die sogenannten schwierigen Wörter, es sei denn, dass die nicht übliche Assoziierung der Präposition „von" mit dem Adjektiv „neu", von dem die adverbiale Wortgruppe „von neuem" entsteht, den Zugang zur Sinnauswahl „Neuheit" erschwert.

Die Analyse des vorliegenden Fehlers zeigt uns einen Komplex von Hypothesen: dass hier der adverbiale Ausdruck „von neuem" durch „jusqu'à neuf" übersetzt wird, kann sich sowohl durch ein Interferenzproblem als auch ein Verwechslungsproblem erläutern.

---

[155] Dieser Fehler wurde von einem Studenten gemacht. Es war 2005 im Rahmen einer Hausarbeit bezüglich eines Übersetzungsseminars in der Germanistikabteilung, an der Universität Abidjan-Cocody.

Interferenziell morphologisch hat zwischensprachlich das deutsche Wort „neu-“ (vgl. neu-em) mit dem französischen Wort „neuf“ etwas Gemeinsames, insofern als beide Wörter graphemisch[156] mit der Buchstabenfolge „n“ ; „e“ und „u“ beginnen und daher semantisch interferieren können.

Wenn morphologisch beide Wörter gleichermaßen beginnen und somit etwas Ähnliches haben, lässt aber diese Ähnlichkeit irrtümlich an einen phonologischen Gleichklang denken: das Morphem „neu-“ bei „neu-em“ lässt sich [nɔ◎y] transkribieren, während sich die Buchstabenfolge „neu-“ bei „neu-f“ durch die Transkribierung [nœf]erfassen lässt. Bei dieser Transkription stellt sich der Nasalkonsonant [n] als isolierter Gleichlaut am Anfang beider Wörter: diese Alliteration sollte jedoch nicht zu einer interferenziellen Übertragung entscheidend beitragen.

---

[156] *„Das Hervortreten der schriftlich fixierten Sprache im Objektbereich der Linguistik hatte die Kreation neuer Termini in seiner Konsequenz. Wichtigster unter ihnen ist zweifellos der Terminus Graphem, den der finnische Forscher Penttilä in die Untersuchung der Schriftsprache eingeführt hat...Er geht davon aus, dass, wie in der Rede das Phonem realisiert wird durch Phone (Laute), das Graphem in konkreten Texten durch Graphe (Buchstabenfolge) wiedergegeben ist. Deren - in der Vertauschprobe zu ermittelnder - unterscheidender Wert ist das Graphem. D.h., analog zum Phonem als kleinster bedeutungstragender Einheit der gesprochenen Sprache...bezeichnet man als Graphem die kleinste bedeutungsunterscheidende Einheit der geschriebenen Sprache (Beispiel: H:R:S in Hand: Rand: Sand etc.)“,* in: H.-D. Fischer /H. Uerpmann, ebenda, 1990, S. 56.
„Die Graphemik befasst sich vor allem mit den einzelnen Schriftzeichen oder Graphemen. In Alphabetschriften bilden die Buchstaben, oft als Grapheme schlechthin bezeichnet, den Kernbestandteil.“, in: A. Linke / M. Nussbaumer et. al., Studienbuch Linguistik, Niemeyer, Tübingen, 2004, S. 55.

Auch semantisch betrachtet, sind das Morphem „neu“(aus „neu-em“ stammend und auf Neuheit hinweisend) und die Buchstabenfolge „neu-“ (semantisch leer) aus „neu- f“ trotz morphologischen Ähnlichkeiten semantisch total fremd. Übrigens ist nicht zu vergessen, dass das französische Wort „neuf“ hier nichts mit Neuheit zu tun hat, denn die Kontextangabe „heure“ (vgl. Stunde) verschafft dem Lexem „neuf“ eher den Sinn „Ziffer“ statt des Sinnes „Neuheit“.

Wie ich bisher zu zeigen versucht habe, gibt es hier, exklusiv auf der Grundlage von morphologischen Ähnlichkeiten, ein Interferenzproblem zwischen „neu-em“ und „neu- f“.

Bei dieser Analyse ist aber anzumerken, dass das besprochene Interferenzproblem neben einem Verwechslungsproblem steht.

Zugunsten einer Verwechslungshypothese ist in erster Linie eine morphologische Ähnlichkeit innerhalb der deutschen Sprache zu nennen, eine Ähnlichkeit, die durch den Vergleich zwischen „neu-em“ und „neu-n“ erfasst werden kann: das Morphem „neu“ bei „neu-em“ und die Buchstabenfolge „neu-“ bei „neu-n“ liegen graphemisch ähnlich vor. Aufgrund von dieser Ähnlichkeit zwischen „neu-em“ und „neu-n“ wird im Deutschen, also innersprachlich, aller Wahrscheinlichkeit nach verwechselt, sonst hätte der Übersetzer statt durch „neun“ auch durch „zehn“ oder „elf“ übersetzen können, die gleichermaßen als Ziffer auf der Zeitachse zu finden sind, die aber mit „neun“ morphologisch nichts gemeinsam haben.

Im Gegensatz zu dem zwischensprachlichen Vergleich „neu-em“ // „neu-f“, in dem die Buchstaben „n“; „e“ und „u“ zusammen bei „neuem“ (als Silbe und Morphem) anders als bei „neuf“ ausgesprochen werden, ist die gleiche Buchstabenfolge bei „neu-em“ und „neu-n“

ähnlich ausgesprochen: beide Wörter erhalten den Diphthong [ɔ◎y] nach einem Konsonanten (hier [n]). Die Lautfolge [n] und [ɔ◎y] am Anfang beider Wörter weist hier auch auf eine Alliteration[157].

Auf der semantischen Ebene aber haben „neu-em" und „neu-n" nichts zu vergleichen.

Die oberen Anmerkungen sind schon ein fester doppelseitiger Boden von Hypothesen zur Sinnübertragung durch den Komplex Interferenz // Verwechslung.

„Per Prokura" mittels des extratextuell vorliegenden Wortes „neun" wird der Sinn des Wortes „neuem" durch das Wort „neuf" ins Französische verwechselnd übersetzt, eine Übersetzung, die also zweierlei von dem Komplex Verwechslung / Interferenz geklärt werden kann.

Die unteren Schemata (Schemata 18 und 19) und die nachfolgende Tabelle fassen meine Analyse zusammen.

---

157 Als Wiederholung des Anlautes folgenderweise von M. Cressot / L. James definiert: « *L'allitération ou répétition du son initial, l'homoïotéleute, ou répétion du son final... créent entre les termes une sorte de regroupement sonore, une note dominante autour de laquelle le thème semble graviter. Ils fixent l'attention, favorisent la synthèse. Tous deux n'ont d'intérêt stylistique que lorsqu'ils ajoutent à la pensée.* », in: M. Cressot / L. James, le style et ses techniques, Puf, Paris, 1983, S.38.

Satz 2: *Nach der Mittagspause beginnt die Arbeit* *neuem*

(Verwechseltes / legitimes Wort)

neun
(tatsächlich Übersetztes /
Verwechselnder (bezogen auf „neuem")
Interferierender (bezogen auf „neuf")
Ersatzwort / Vermittler)

widersinnig übersetzt: **Après le repos de midi commence le travail jusqu'à** *neuf heures*

(Übersetzender)

SCHEMA 18

Lineare Beschreibung des Fehlergrundes Verwechslung / Interferenz bei einem Widersinn

Das obere Schema nennt die Angaben einer Verwechslung und zeigt ganz klar den Übergang von „neuem" zu „neuf heures" über „neun" (als Zentralpunkt), während das untere dreieckige Schema die Angaben „Verwechslung" und „Interferenz" prozessual mit in sich einbezieht.

DEUTSCH

NEUN

[nɔ͜yn]

(tatsächlich Übersetztes / Verwechselnder/ Ersatzwort / Vermittler)

2

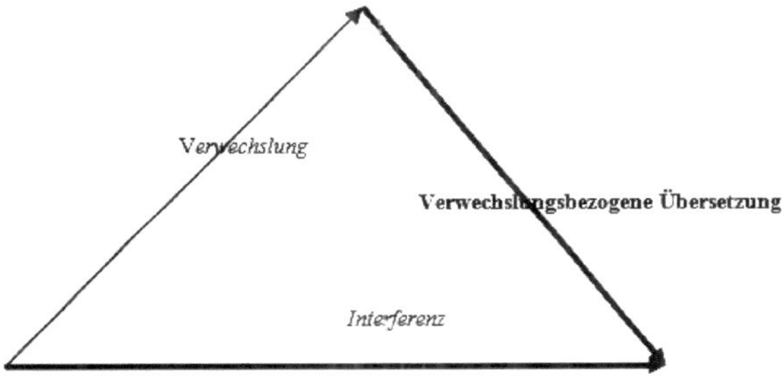

1 **Direkte interferenzbezogene Übersetzung** 3

NEUEM

[ˈnɔ͜yəm]

NEUF

[nœf]

DEUTSCH

(Verwechseltes / legitimes Wort)

FRANZÖSISCH

(Übersetzender)

SCHEMA 19

Dreieckige Beschreibung des Fehlergrundes Verwechslung / Interferenz bei einem Widersinn

Detailliert, vor allem zusammenfassend, liegt die untere Tabelle vor:

		Grund- morphem	**Gramma- tisches Morphem**	**Phonetische Transkribie- rung**
VERWECHSLUNG ZWISCHEN GRUNDMORPHEM UND BUCHSTABEN-FOLGE	**Ausgangs- sprache Deutsch:** **„Neuem"**	neu-	-em	[ˈnɔy̯əm]
		Buchstaben- folge	**Konsonant**	
	Ausgangs- sprache Deutsch: **„Neun"**	n.e.u-	-n	[nɔy̯n]
		Grund- morphem	**Gramma- tisches Morphem**	**Phonetische Transkribie- Rung**
INTERFERENZ ZWISCHEN GRUNDMORPHEM UND BUCHSTABEN-FOLGE	**Ausgangs- sprache Deutsch:** **„neuem"**	neu-	-em	[ˈnɔy̯əm]
		Buchstaben- folge	**Konsonant**	
	Zielsprache Französisch: **„Neuf"**	n.e.u-	-f	**[nœf]**

SCHEMA 20

Tabellarische Beschreibung des Fehlergrundes Verwechslung / Interferenz bei einem Widersinn

Jetzt kommt folgender Text auf Deutsch. Dieser Text wurde von Studenten des ersten Jahrgangs ins Französische übersetzt, Studenten, die 2005 in der Deutschabteilung an der Universität Cocody-Abidjan eingeschrieben waren. Zwecks der Analyse wird aus der Übersetzung des Studenten A2 ein Satz ausgezogen. In diesem Satz befasse ich mich mit der Übersetzung des Sinnes bezogen auf die linguistischen Einheiten „grün" und „Reich", die in dem unteren Text in Kästchen zu erkennen sind.

Der Frosch

Es war einmal ein schöner, grüner Frosch, dessen Reich in einem kleinen Teich im Wald war. Jeden Tag schwamm er an eine Stelle, wo das Wasser einen Meter sechsundsiebzig tief war und spielte mit einer goldenen Kugel. Er ließ sie aufsteigen, schwamm ihr schnell nach, fing sie noch in letzter Sekunde auf, bevor sie die Wasseroberfläche erreicht hatte, und war bald so geschickt, dass er sie noch einen Zehntel Millimeter unter der Oberflache erwischen konnte. Das war sein liebstes Spiel. Und einmal - er hatte an diesem Tag wohl schlecht geschlafen, war etwas nervös, auch blendete ihn die Sonne - entwischte ihm die goldene Kugel. Der Frosch erschrak, denn draußen auf dem Land war er nicht gut zu Fuß, und wo sollte er lange suchen?

Im oberen Text wird der Sinn des Satzes „*Es war einmal ein schöner, grüner Frosch, dessen Reich in einem kleinen Teich im Wald war*" von dem Studenten A2 bei der Rückgabe einer auf Französisch verfassten Hausarbeit so widersinnig übersetzt:„ *Il était une fois une belle grenouille grise dont la fortune se trouvait au fond d'un étang*".

Dass der Sinn des Wortes „grün" durch „gris" widersinnig übersetzt wurde, nimmt hier meine

Aufmerksamkeit in Anspruch. Im Hintergrund dieser fehlerhaften Übersetzung liegt, wie mir scheint, die vermutliche Verwechslung zwischen dem kontextuell bezogenen Wort „grün" und der extratextuellen Angabe „grau". Die morphologische Analyse beider Wörter weist auf eine Ähnlichkeit der Konsonantenreihe am Wortanfang (vgl. „gr") sowie einsilbige Lexeme mit Buchstaben gleicher Zahl (vier) und dies trotz phonetisch unterscheidender Merkmale (vgl. bei „grün", langer flektierter [y:]-Vokal und Endkonsonant [n]; bei „grau", [a◎u]-Enddiphthong).

Phonologisch merke ich bei dieser Analyse eine [gr]-Alliteration. Auf der semantischen Ebene gehören beide Wörter demselben Feld mit dem chromatischen Referenten[158] „Farbe" als Archilexem. Alle diese vorher erwähnten Ähnlichkeiten sind so viele „Erleichter" einer Verwechslung, die per Prokura eine widersinnige Übertragung von „grün" zu „gris" ermöglichen. Da der Sinn des Wortes „grün" mittelbar durch das verwechselnde Wort „grau" erfasst wird, wird hier „per Prokura" verwechselnd übersetzt. Nun aber kann man hypothetisch denken, dass auch die Übersetzung des Sinnes bezüglich des Wortes „grün" durch das Wort „gris" auf Französisch" erfolgt. Dabei ist anzumerken, dass die Analyse beider Wörter uns formale Ähnlichkeiten über die Sprachgrenze hinaus zeigt. Sowie bei der Verwechslung zwischen „grün" und „grau" die Buchstabenfolge „gr" am Wortanfang als Ähnlichkeitsmerkmal zu sehen ist, ist die gleiche Buchstabenfolge konsonantischer Art am

[158] *„Referenten: sind die Gegenstände, auf die wir im Referenzakt Bezug nehmen. Referenz: benennt die Relation zwischen sprachlichen Ausdrücken und Gegenständen (im weitesten Sinn), die von Sprechern/Hörern etabliert wird...*", in: M. Schwarz, J. Chur, ebenda, S. 223.

Wortkopf bei „grün“ sowie bei „gris“ erwähnbar, was phonologisch auch als Alliterationsmerkmal funktioniert.

Morphologisch gleichermaßen einsilbig mit vier Buchstaben liegen beide Wörter vor. Die Übersetzung des Sinnes bezüglich des Wortes „grün“ durch das Wort „gris“ ist ebenfalls dem Feld des Chromats zugehörig.

Soweit liegen die analysebezogenen Erwägungen zum Zeigen, wie sich die widersinnige Übersetzung von „grün“ durch „gris“ doppelseitig wortverwechselnd und interferenziell erklären lässt, ein Komplex von Gründen, die eine fehlerhafte Übersetzung klären.

Es könnte auch sein, dass der Student, unter dem Einfluss afrikanischer soziokultureller im kollektiven Gedächtnis gespeicherter Realitäten, a priori die Übersetzung durch „gris“ ausgewählt hat. Dabei hätte der genannte Student extralinguistisch bzw. situativ bezogen (und nicht kontextuell) reagiert, denn in Afrika sind graue Kröten im Überfluss zu beobachten, während grüne Frösche selten vorhanden sind. So könnte hier der Student nicht auf der Basis einer kontextuellen Angabe, sondern auf der einer situativen Umgebung unter dem psychologischen "Diktat" des Referenten „Kröte“/ „crapeaud“ übersetzt haben.

Schematisieren kann ich die oben durchgeführte Analyse so:

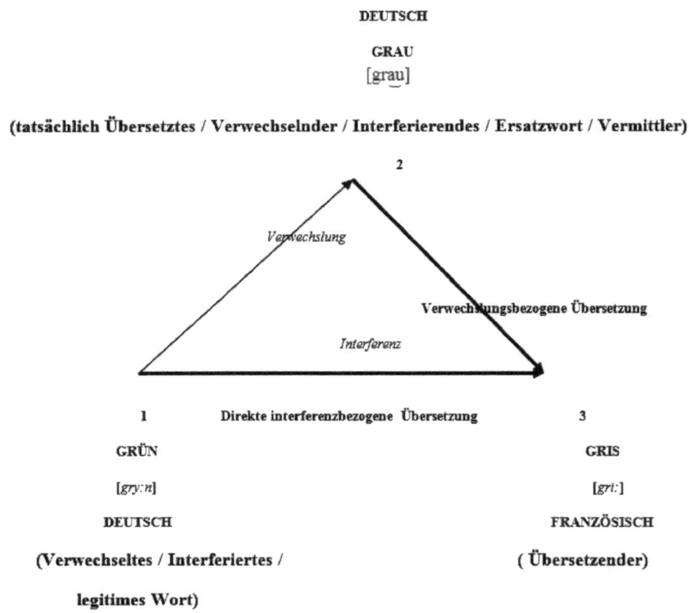

SCHEMA 21

Dreieckige Beschreibung des Fehlergrundes Verwechslung / Interferenz bei einem Widersinn

Als letztes Beispiel zum Zeigen des besprochenen Komplexes ist anhand des oberen Textes die Übersetzung des Sinnes des Wortes „Reich“ durch „fortune“ ins Französische auch problematisch komplex: der Satz „*Es war einmal ein schöner, grüner Frosch, dessen Reich in einem kleinen Teich im Wald war*“ wurde vom selben Studenten, den Studenten A2, ins Französische tatsächlich durch „ *Il était une fois une belle grenouille grise dont la fortune se trouvait au fond d'un étang*“ übersetzt, wobei die Übersetzung des Sinnes in Bezug auf das Wort „*Reich*“ durch „*fortune*“ (statt „*empire*“) erkennbar ist. In dieser Kleingeschichte ist die widersinnige Übersetzung durch „*fortune*“ sicher nicht sinnlos, nur liegt dieses Wort kontextuell nicht passend vor, denn nirgendswo im Textverlauf kann man die Idee des Reichtums in einer

Gedankenkette beweiskräftig kohärent antreffen. Kontextuell aufgefasst ist hier die Rede von einem Reich mit dem Referenten *„Wohnort"*. Dieser Referent kommt übrigens im Textinneren an anderen Stellen des Textes kohärent vor (vgl. *„Teich"; „Wald"; „Wasser"*). In der Tat wird hier widersinnig übersetzt, denn der Begriff[159] *„fortune"* - wenn auch kontextbezogen sinnvoll - hat überhaupt nichts mit dem passenden Begriff *„empire"* zu tun. Wenn aber der Gebrauch von *„fortune"* übersetzungsmäßig nicht adäquat vorkommt, wie kann man den problematischen Widersinn hier erklären?

In der Analyse rückt sich die Hypothese der Begriffsverwechslung in den Vordergrund. Genau wird in der vorliegenden fehlerhaften Übersetzung das Nomen *„Reich"* mit dem Adjektiv *„reich"* in der deutschen Sprache verwechselt, wobei die Großschreibung bei *„Reich"* vom Übersetzer unvermerkt vorliegt und somit eine fehlerhafte Übertragung psycho-logisch begünstigt. Der Übersetzer hätte durch die Verwechslung vom Nomen *„Reich"* mit dem Adjektiv *„reich"*, statt den Sinn des Wortes *„Reich"* durch *„fortune"* zu übersetzen - wie hier der Fall ist - eher diesen Sinn durch *„richesse"* übersetzen können. Weil er dies nicht tut, könnte durch eine vermutliche Neigung zum besseren Stil geklärt werden: gegenüber *„richesse"* sieht *„fortune"* stilistisch besser aus. Auch wenn der Übersetzer das Nomen *„Reich"* mit dem Adjektiv *„reich"* verwechselt und konsequent statt mit *„riche"* sinnlos zu übersetzen, eher an *„richesse"* denkt und stilverbessernd *„fortune"* schreibt, ist es, weil der Gebrauch des Relativs *„dessen"* eine große Wirkung dabei ausübt: tatsächlich erwartet der

---

[159] *„Begriff (vgl. Konzept): ist der im deutschsprachigen Raum benutzte Terminus für mentale Informationseinheiten, die in der Interaktion mit der Umwelt durch Abstraktion und Klassifikation entstehen."*, in: M. Schwarz, J. Chur, ebenda, S. 219.

Übersetzer psycho-logisch, dass syntaktisch unmittelbar rechts des Relativs *„dessen"* das Eigentumsobjekt vorkommt, wie übrigens syntaktisch erfordert. Auf jeden Fall ist zu wissen, dass der Gebrauch des Adjektivs *„riche"* (im Französischen) syntaktisch regelwidrig wäre, wie folgende unsinnige Übersetzung es stigmatisiert:*„...dont la riche se trouvait au fond d'un étang*". Mit diesem Satz sehen wir klarer, wie anstelle des Adjektivs *„riche"* eher ein Nomen - hier das Nomen *„richesse"* - unmittelbar rechts des Bezugswortes *„dessen"* syntaktisch am Platze ist, daher die Forderung der ersten Umformulierung von *„riche"* durch *„richesse"*. Unter dem Einfluss der Homonymie[160] *Reich // reich* kommt die Idee des Reichtums vor, die soziologisch *„par excellence"* das Ersehnste suggeriert.

Als „Verwechslungserleichterin" hochwirkend funktioniert in der deutschen Sprache die Homonymie zwischen dem textuell vorliegenden Nomen *„Reich" [ra◎iç]* und dem extratextuellen Adjektiv *„reich" [ra◎iç],* eine Homonymie, bei der die R-Großschreibung bei *„Reich"* nicht mehr erkennbar ist: in beiden Fällen kommen also nach der Reihe ein r-Frikativ, ein au-Diphthong und ein ç-Palatal. Dazu kommt, dass schriftlich

---

160 *„Vielmehr wird man diesem Befund eher gerecht, wenn man öfter als bisher mit gleichlautenden Wörtern (Homonymen) rechnet...,*", in: G. Drosdowski, ebenda, 1984, S. 517.
„In diakonischer Sicht (in Bezug auf die geschichtliche Entwicklung) sind Homonyme Wörter, die in der Lautung übereinstimmen, also den gleichen Lautkörper haben, aber verschiedenen Ursprungs sind... In synchronischer Sicht (in Bezug auf den gegenwärtigen Sprachgebrauch) dagegen sind Homonyme Wörter, die in der Lautung übereinstimmen, also den gleichen Lautkörper haben , aber auf Grund ihrer stark voneinander abweichenden Bedeutungen, ihrer bewusstseinsmäßig nicht verbundenen Inhalte und/oder auf Grund grammatischer Kriterien (vom Sprachgefühl) als verschiedene Wörter aufgefasst werden", in: G. Drosdowski, ebenda, S. 537.

formal gesehen, beide Lexeme gleichermaßen fünf Buchstaben haben und einsilbig sind.

Durch diese Verwechslung zwischen den Wörtern *„Reich“* und *„reich“* wird im Gedanken des Übersetzers, zugunsten des Wortes *„reich“*, der Sinn *„reich“* fixiert, der das Wort *„Reich“* im Deutschen irrtümlich verwechselnd auf der Basis von den oben genannten Ähnlichkeiten interpretiert. Dieser Sinn kann jetzt ins Französische durch den Sinn des Wortes *„riche“* übersetzt und wegen der syntaktischen Forderungen des Französischen durch *„richesse“ / „fortune“* letztendlich umformuliert werden:„ *Il était une fois une belle grenouille grise dont la fortune se trouvait au fond d'un étang*“.

Interferenziell gesehen, ist phonologisch beim deutschen Nomen *„Reich“* (transkribiert [ra◎iç]) sowie beim französischen Adjektiv *„riche“ (*transkribiert [riʃ]*)* der Anfangslaut [r] als Alliterationsmerkmal zu erkennen. Beide Wörter sind außerdem über die Sprachgrenze hinaus einsilbig. Außer dem gemeinsamen r-Kopflaut lauten die weiteren Laute nach dem r-Konsonanten anders: der ai-Diphthong und das ç-Palatal bei *„ Reich „ (*vgl. [ra◎iç]) unterscheiden sich durch den i- Laut und den ʃ-Laut. Ich weiß jedoch aus langjähriger Lehrerfahrung, dass der ç-Laut, wie bei [ra◎iç] ersichtlich, generell eher als ein ʃ-Laut fehlerhaft ausgesprochen wird, und so kann dieses Feststellen bei der Aussprache des betreffenden Studenten aktualisiert werden, indem dieser vermutlich das Wort *„Reich*“ statt [ra◎iç] eher fehlerhaft [ra◎iʃ] ausspricht. Diese vermutlich fehlerhafte Aussprache macht aus *„Reich“* (vgl. Fehlerhaftes [ra◎iʃ]) und „riche“ (vgl. [riʃ]) Minimalpaare[161], die sich nur durch ein einziges Phonem

[161] *„Ein Minimalpaar wird von zwei sprachlichen Zeichen gebildet, die sich nur in einem einzigen ihrer Element (Bestandteile)*

an gleicher Stelle (hier zweite Stelle zwischen Konsonanten) minimal unterscheiden lassen. So werden - der Aussprache nach - die Ähnlichkeiten zwischen *„Reich“* und *„riche“* noch auffallender, so auffallender, dass hier der Gebrauch des Begriffs „Interferenz“ noch treffender aussieht.

Da die Übersetzung durch „riche“ aus dem Sinn des Wortes *„reich“* entsteht -ein Sinn, der gleichermaßen das Wort *„Reich“* irrtümlich interpretiert - kann man logischerweise sagen, dass die Übersetzung durch „riche“ auch das Wort *„Reich“* betrifft, daher die Behauptung, dass das Wort *„Reich“* transitiv, also „per Prokura“ durch *„riche“* bzw. *„richesse“* übersetzt wird, wie folgendes Dreieck es schematisiert:

---

unterscheiden, z B. backen – packen. Eines der Elemente kann auch ein Nullelement Ø sein, zB. Maus – aus“, in: P. Ernst, ebenda, Wien, S. 53.

„*Um ein Phon als Vertreter eines Phonems zu identifizieren, benötigt man ein sogenanntes Minimalpaar; d.h. es muss mindestens zwei Wörter einer Sprache geben, bei denen die lautlichen Varianten an derselben Position bedeutungsunterscheidende Funktion haben., etwa reisen – reißen.*“ , in: J. Volmert (Hrsg.), idem, S. 21.

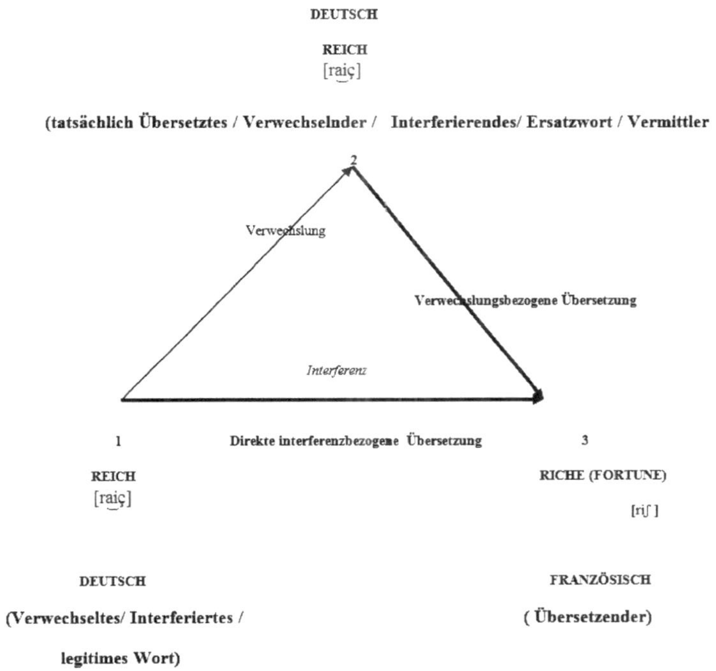

SCHEMA 22

Dreieckige Beschreibung des Fehlergrundes Verwechslung / Interferenz bei einem Widersinn

Mit diesem weiteren Interferenzproblem haben wir einen so genannten Komplex Verwechslung / Interferenz als Fehlergrund bezogen auf einen Widersinn, einen binären Komplex, in dem konsequent Ähnlichkeiten umfangreicher auftauchen.

ZWISCHENFAZIT

In der Übersetzung "sagt" der Widersinn zielsprachig gegen den ausgangssprachigen Sinn. Dieses „Dagegensagen“ äußert sich zweierlei: zwischensprachig und / oder sprachintern. Der zwischensprachige Widerspruch ist wiederum in einer bloßen Opposition erhältlich oder in einer strikten Opposition vorhanden, während der sprachinterne Widerspruch absurd vorliegt, da der Diskurs des Übersetzers vom Übersetzer selbst irgendwo in seiner Übersetzung wegen Kohärenzmangel widerlegt wird.

Mit Hilfe von Beispielsätzen und Pfeilschemata beschreibe ich den Widersinn weiter unter dem Blickwinkel von Fehlergründen. Dabei nenne ich die Phänomene "Verwechslung" und "Interferenz" einzeln als psycho-logische Angaben zur Klärung des Widersinnes in der Übersetzung, insofern eine vielseitige Ähnlichkeitsbasis diese Phänomene klärt. Noch vielseitiger sind diese Ähnlichkeiten, wenn die Verwechslung und die Interferenz gemeinsam (also nicht getrennt) den Grund des Widersinnes binominal ans Licht bringen.

Nicht alle Wörter sind innersprachlich mit einem anderen Wort verwechselbar und zugleich, über die Sprachgrenze hinaus, mit einem dritten Wort interferierbar. Bei solchen Wörtern, die ein Verwechslungs- oder Interferenzpotential in sich tragen, ist das Fehlerpotential entsprechend erhöht, bloß weil die Menge der morphophonologischen Ähnlichkeiten doppelseitig sprachig und zwischensprachig vorliegt.

Eine adäquate Sprachdidaktik sollte deshalb so verfahren, dass bei der pädagogischen Übersetzung den Studenten Folgendes beigebracht wird: formale bzw. morphophonologische Ähnlichkeiten heißen nicht unbedingt Sinnverwandtschaft und darauf soll aufgepasst werden, dass nicht das bloße graphemische tote Sprachmaterial, sondern dessen lebendiger kontextuell und situativ bezogener Inhalt bzw. Sinn übersetzt werden soll. Diese didaktische Forderung ist umso stärker, als sich das Fehlerrisiko potentiell durch das Binom Verwechslung / Interferenz beträchtlich erhöht.

FAZIT

Die Überlegungen zu Beginn dieser Studie zeigen genug, wie sich Allgemeinbildung als Eckpfeile einer passenden Übersetzung erweist. Der Horizont der Allgemeinbildung ist aber ein weites Feld, welches der Mensch auf Erden, sogar der „Übermensch“ als sogenannter Allwissender nur approximativ urbar machen kann. Alles ist hier also Annäherungsversuch: als Rezipient einer Botschaft aus dem Fremden ist der Übersetzer an und für sich allzu prätentiös, diese Botschaft übersetzen zu wollen, sofern die Gedanken des Senders in dem „Busch“ der Schrift verborgen sind, welche als formale Buchstabenfolge den menschlichen Gedanken nicht umfassend wieder ausdrücken können. Sogar sind die Gedanken des Emittenten selber durch die erstarrte Schrift „kongenital“ verdorben, denn das Sprechen bzw. die Parole ist mehr als)die Sprache, die mit formalen Mitteln den lebendigen Hauch der aus dem Gedanken quellenden Parole nur defizitär ausdrückt. Gedankenausdrücker (hier der Emittent) und Gedankenwiederausdrücker (hier der Übersetzer) sind also irgendwie von der Schrift benachteiligt. Ja, die Wahrheit der Übersetzung steht auf einer sinusoïdalen asymptotischen Kurve richtungs des Unendlichen, einer Kurve auf der der Übersetzer die Perfektheit atemlos bzw. keuchend, vor allem erfolglos verfolgt. Trotzdem muss übersetzt werden, eine Aktivität, bei der sich Allgemeinbildung letztendlich als unentbehrliche Voraussetzung, als hochwertige Verhelferin erweist.

Wie soll aber der Übersetzer übersetzen, wenn er, mit Allgemeinbildung versehen, unter den günstigsten

Bedingungen dabei ist? Dafür habe ich für ein pragmatisch bezogenes Modell des Übersetzens plädiert. Dieses Modell scheint mir die Natur und die kommunikative Funktion der menschlichen Sprache am besten auszudrücken, soweit das Übersetzen zielsprachig orientiert ist, dies ohne die notwendige Harmonie zwischen Ausgangs- und Zielsprache zu gefährden. Wenn der Übersetzer einen Sinn realitätstreuexplizierend wieder ausdrückt, der sonst Verständnisschwierigkeiten hätte hervorbringen können, so übersetzt er pragmatisch kommunikativ.

Kann man aber einen idealen theoretischen Weg mit idealen Etappen beschreiben, die solch ein gebildeter Übersetzer gehen soll, insofern er das pragmatisch kommunikative Modell verfolgt? Die vorgeschlagene Frage-Antwort-Theorie basiert auf der Allgemeinbildung mit Kenntnissen und Wissen allerlei Sorten, die übersetzungsbezogene Antworten auf die fragende innere Sprache ermöglichen theoretische Etappen vom Textlesen zum Übersetzungsakt. Dieser Prozess stellt ganz klar, dass der Übersetzungsvorgang nicht die Interpretation bzw. Interpretationsfragen in den Vordergrund stellt, sondern eher eine mentale Fragenkonstellation zum Verständnis (Verständnisfragen), zum Interpretieren (Interpretationsfragen) und zum mentalen Übersetzen mit in sich einbezieht. Solche kognitivistischen Perspektive erfordern sechs Kompetenzen wie folgt eingereiht: Lese-Kompetenz, Analysekompetenz, Ausdrucks- bzw. Interpretationskompetenz, Wiederausdruckskompetenz, Grammatikkompetenz und zuletzt Schreibkompetenz.

Alle diese Kompetenzen sollten eine passende Übersetzung hervorbringen, eine Zielsetzung, die ab und zu von Fehlern gestört wird.

Am Beispiel von dem Widersinn, der im Lichte von studentischen Fehlleistungen analysiert worden ist, bin ich imstande gewesen, diese Fehlerart zu typisieren und deren Gründe ans Licht zu bringen, wobei sich Fehler aus Verwechslung oder Fehler aus Interferenz, getrennt oder gemeinsam fungieren.

Die Untersuchung der Wortverwechslungsprobleme als Grund für das Vorkommen eines Widersinnes in der Übersetzung zeigt klar, dass dieser Fehlergrund intralingual - statt zwischensprachlich wie bei der Interferenz ersichtlich - vorliegt. Das Vorhandensein eines solchen Fehlergrundes setzt das Vorliegen eines so genannten verwechslungsbezogenen Erleichters voraus, der auf der Basis von morphophonologischen Ähnlichkeiten, "Zwillingswörter" vereinigt. Verwechslungsprobleme tauchen sogar bei usuellen Wörtern auf. Kernpunkt der vorliegenden Analyse ist die Beschreibung des Wortverwechslungsprozesses beim Widersinn. Dabei wird zwischen den Begriffen „Verwechseltes“ und „Verwechselndes“ unterschieden. Als „Verwechseltes“ wird ein feststehendes Wort bezeichnet, dessen Sinn kontextbezogen „offiziell“ übersetzt werden sollte, ein Wort, das der Verfasser als „legitimes Wort“ bezeichnet. Gegenüber dem legitimen Wort liegt das Verwechselnde extralinguistisch im ausgangssprachigen Wortschatz vor, wird auf der Basis von vielseitigen Ähnlichkeiten morphophonologischer Art im Gedanken des Übersetzers mit dem legitimen Wort verwechselt und als solches in der Übersetzung fehlerhaft aktualisiert. Das Verwechselnde wird im Rahmen dieser Untersuchung auch Ersatzwort bzw. Vermittler genannt. Da die Übersetzung des Sinnes des legitimen Wortes den irrtümlichen Weg des Ersatzwortes benötigt, wird der Sinn dieses Wort, nach Meinung des Verfassers, „per Prokura“ übersetzt. Dieser Prozess wird durch die Wortreihe bzw. Wortserie dargestellt, insofern diese Serie - wie beispielhaft auf den zahlmäßigen und temporalen Achsen ersichtlich - schon Kennzeichen eines Zusammengehörens ist und somit eine Wortverwechslung begünstigt.

Hinzuzufügen ist aber, dass die Wortverwechslung aufgrund von Ähnlichkeiten kein Übersetzungsmittel ist. Wenn der Übersetzer ein Wort verwechselt, verwechselt er versehentlich. Daher ist eine extreme Aufmerksamkeit beim Übersetzen zu empfehlen, sogar beim Besitz eines Sprachgefühls, welches mit Sicherheitsgefühl zusammengeht und deshalb die erforderte Vorsicht unglücklicherweise stören kann.

Wenn Muttersprache und Fremdsprache durch die Übersetzung in Kontakt treten, so interferieren sie, falls irreführende Ähnlichkeiten einen Versöhnungsboden schaffen. Die Reaktion des Übersetzers, konsequent aus Ähnlichkeitsmerkmalen unbewusst fehlerhaft zu übersetzen, hat einen psycho-logischen Hintergrund. Sicher ist es, dass die Globalisierung, die auch die Mehrsprachigkeit erfordert, ein vorzügliches Ausdrucksfeld der Interferenz ist, und dies soll so befürchtet werden, dass die Sprachenpolitik weltweit lösende Parameter zum Meiden von Interferenzfehlern mit in sich einbeziehen muss.

Den Irrweg "Widersinn" weiter besprechend, habe ich die Fehlergründe "Wortverwechslung" und "Interferenz" genannt und separat analysiert. Es kann aber auch vorkommen, dass zwei Fehlergründe vorliegen - wenn auch selten -, die zusammen einen angegebenen Fehler klären, wie bei dem Binom Verwechslung / Interferenz als potentiellem Fehlerkomplex in Übersetzungen der Fall ist.

Die Widersinnproblematik ist ein Thema, das in der kontrastiv bezogenen Fehlerlinguistik sehr selten vorkommt. Vorliegende Überlegungen über diesen Fehler sollten andere Untersuchungen veranlassen, damit sich die

Fehlerlinguistik einen tieferen Überblick über weitere gravierende Sinnfehler verschafft: ich denke z.B. an die Untersuchung des Unsinnes.

Der Übersetzungsweg ist ein steiler unsicherer Weg. Diese Unsicherheit ist das Eigentum der Humanität, die in uns steckt, sich durch unsere Gefühle entfaltet und unsere Gedanken reguliert; die Aufgabe des Übersetzers ist es, wenn auch in der Absolutheit unmöglich, diese Humanität durch die Schrift bestmöglich zu erwecken, damit das Allgemeingut der Kenntnisse und des Wissens der Menschheit weltweit zur Verfügung steht. Der Aufbau von Theorien sowie übersetzungsbezogene Fehleranalysen sollten in dieser Hinsicht entscheidend dazu beitragen, Sprachgrenzen abzubauen, fremde Völker zu versöhnen und eine passende Übersetzungspädagogik in Übersetzungsseminaren zu konzipieren.

LITERATURVERZEICHNIS

NACHSCHLAGEWERKE

BROCKHAUS ENZYKLOPÄDIE 12 , Mannheim,1994.

BROCKHAUS ENZYKLOPÄDIE 23,Mannheim, 1994.

BROCKHAUS WAHRIG Deutsches Wörterbuch, Wiesbaden, 1982.

DICTIONNAIRE HACHETTE DE LA LANGUE FRANCAISE, Hachette, 1980.

DUCROT Oswald / TODOROV Tzvetan : Seuil, Paris, 1972.

ENCYKLOPAEDIA UNIVERSALIS 10, Paris, 1988.

ENCYKLOPAEDIA UNIVERSALIS 16, Paris, 1988.

ENCYKLOPAEDIA UNIVERSALIS 5, Paris, 1988.

GALISSON Robert et al. : Dictionnaire de didactique des langues, Hachette, Poitiers, 1988.

VOCABLE. L'ALLEMAND D'AUJOURD'HUI 32, 27, 1986.

WAHRIG Gerhard: Wahrig. Deutsches Wörterbuch, Bertelsmann Lexikon-Verlag, Gütersloh, 1971.

WEITERES LITERATURVERZEICHNIS

ARENS Hans: Sprachwissenschaft. Der Gang ihrer Entwicklung von der Antike bis zur Gegenwart, 2. Auflage, Verlag Karl Alber, München / Freiburg, 1969.

BLACK Max: Sprache. Eine Einführung in die Linguistik, Wilhelm Fink Verlag, München, 1973.

BLUMENTHAL Peter: Sprachvergleich Deutsch-Französisch, Niemeyer, Tübingen, 1987.

BONDZIO Wilhelm et al.: Einführung in die Grundfragen der Sprachwissenschaft, 1. Auflage, VEB bibliographisches Institut Leipzig, Leipzig, 1980.

CLEMENT Danièle: Linguistisches Grundwissen, 2. Auflage, Westdeutscher Verlag, Wiesbaden, 2000.

CRESSOT Marcel, JAMES Laurence : Le style et ses techniques, Paris, Puf, 1983.

DROSDOWSKI Günter (Hrsg.): Die Grammatik der deutschen Gegenwartssprache, Band 4, 4. Auflage, Dudenverlag, Mannheim, 1984.

EGGS Ekkehard: Die Rhetorik des Aristoteles. Ein Beitrag zur Theorie der Alltagsargumentation und zur Syntax von komplexen Sätzen (im Französischen). Verlag Peter Lang, Frankfurt / Mainz, 1984.

ERNST Peter : Germanische Sprachwissenschaft, Facultas-Verlags und Buchhandels AG, Wien, 2004.

FINCK Franz Nikolaus: *Sprache als Ausdruck der Weltanschauung*, in: ARENS Hans. Sprachwissenschaft. Der Gang ihrer Entwicklung von der Antike bis zur Gegenwart, Karl Alber Verlag. Freiburg / München, 1969, S. 405 – 415.

FISCHER Hans-Dieter, UERPMANN Horst: Einführung in die deutsche Sprachwissenschaft. Ein Arbeitsbuch, Ehrenwirth Verlag, München, 1990.

GROSS Harro: Einführung in die germanische Linguistik, Iudicium Verlag, München, 1988.

KAUTZ Ulrich: Handbuch des Übersetzens und Dolmetschens, Iudicium, München, 2002.

KOUAME Abo Justin : *De l'origine de la traduction mot à mot : l'hypothèse du formalisme systémique des oppositions binaires au sein des théories linguistiques*, in : En-quête, revue scientifique des lettres, arts et sciences humaines, Nr 12, EDUCI, Abidjan, 2004, S. 117-143.

KOUAME Abo Justin: *Stellungnahme in der theoretischen Linguistendebatte zur Wahl eines Modells zum Übersetzen: Plädoyer für eine nützliche pragmatisch bezogene Übersetzung,* in: URED, Revue pluridisciplinaire de l'université Gaston Berger de Saint-Louis, Senegal, Nr.20, Presses Universitaires de Saint-Louis, Saint-Louis, Januar 2011, S. 207-224.

KOUAME Abo Justin: *Der Begriff der Treue in der Übersetzung. Allgemeine Erwägungen und sprachwissenschaftliche Analysen,* in: *Revue Langues et littératures* Nr. 8, université Gaston Berger de Saint-Louis, Sénégal, Presses Universitaires de Saint-Louis, Saint-Louis, 2004, S. 253-274.

LADMIRAL Jean-René: *Traduire : théorèmes pour la traduction*, Gallimard, Paris, 1994.

LADMIRAL Jean-René : *La traduction dans l'institution pédagogique,* in : Langages 28, Didier / Larousse, 1972, Paris, S. 08-39.

Le BIDOIS Georges, Le BIDOIS Robert : *Syntaxe du français moderne. Ses fondements historiques et psychologiques*, Band 1, 2. Auflage, A. et J. Picard, Paris, 1971.

LEDERER Marianne : *La traduction aujourd'hui. Le modèle interprétatif*, Hachette, Paris, 1994.

LEDERER Marianne: „*La traduction: transcoder ou réexprimer?*“, in : *Etudes de Linguistique Appliquée* Nr. 12, Paris, Didier, 1973, S. 7 – 25.

LEDERER Marianne: *Interpréter pour traduire*, Didier, Paris, 1986.

LINKE Angelika. / NUSSBAUMER Markus et. al.: Studienbuch Linguistik, Niemeyer Verlag, Tübingen, 2004.

LYONS John : *Linguistique générale. Introduction à la linguistique théorique*, coll. langue et langage, Larousse, Paris, 1970.

MEIBAUER Jörg, DEMSKE Ulrich et. al.: Einführung in die germanische Linguistik, J.B. Metzler Verlag, Stuttgart, 2002.

MOIRAND Sophie : *Situations d'écrits. Compréhension, production en langue étrangère*, Éditions Clé international, Paris, 1979.

PERGNIER Maurice : *Traduction et théorie linguistique*, in : Étude de linguistique appliquée Nr.12, Didier, Okt.-Dez. 73, S. 26 - 38.

PHELIZON Jean François : *Vocabulaire de la linguistique*, Roudil Verlag, Paris.

PICOCHE Jacqueline : *Précis de lexicologie française*, Nathan, Millau,1983.

PIERRE Isabelle, WARWICK-ARMSTRONG Susan : *Les corpus bilingues : une nouvelle ressource pour le traducteur*, in : *La traductique. Études et recherches de traduction par ordinateur*, Les Presses de l'Université de Montréal, Montréal, 1993.

POLENZ Peter von: Geschichte der deutschen Sprache, Walter de Gruyter Verlag, Berlin / New York, 1978.

PRANDI Michèle : *Sémantique du contresens*, les éditions de minuit, Paris, 1987.

RASTIER François : *Sémantique et recherches cognitives*, Puf, Paris 6, 1991.

SCHWARZ Monika, CHUR Jeannette : Semantik. Ein Arbeitsbuch, 4. Auflage, Gunter Narr Verlag, Tübingen, 2004.

SFEZ Lucien : *Critique de la communication*, Seuil, Paris, 1988.

THIEBERGER Richard: *Le langage de la traduction*, in : langages Nr. 28, Paris, Didier / Larousse, 1972, S. 75-84.

VOLMERT Johannes (Hrsg.): Grundkurs Sprachwissenschaft, 4. Auflage, Wilhelm Fink Verlag, München, 2000.

WANDRUSZKA Mario : *Le bilinguisme du traducteur*, in : Langages no. 28, Didier / Larousse, Paris, 1972, S. 102-109.

WOLF Gerhart : Deutsche Sprachgeschichte von den Anfängen bis zur Gegenwart, 5. Auflage, A. Francke Verlag, Tübingen und Basel, 2004, 318.

INTERNETADRESSEN

AGILDERE Suna Timur: La notion du sens dans la théorie interprétative et dans l'approche communicative: ses reflets sur « la traduction pédagogique », Online-Artikel, www.tomer.ankara.edu.tr/dildergileri/123/19-30, Seite am 24. 10. 2008 geöffnet.

CÜSTERS Maresa, LEURS Denise: Therapeutische niederländische Hausaufgaben in Kombination mit einer deutschsprachigen Artikulationstherapie, Online-Artikel, www.surfsharekit.nl:8080/get/smpid:4069/DS1/, Seite am 24. Juli 2011 geöffnet.

de.wikipedia.org/wiki/:IndogermanischeSprachen: Seite am 24. Juli geöffnet.

de.wikipedia.org/wiki/Falscher_Freund, Falscher Freund, Seite am 17. Juni 2011 geöffnet.

de.wikipedia.org/wiki/Interferenz_(Linguistik): Interferenz (Linguistik), Seite am 24. Juli 2011 geöffnet.

de.wikipedia.org/wiki/Stammbaumtheorie: Stammbaumtheorie, Seite am 23. Juli 2011 geöffnet.

DOVAL Irene: Besondere Frage der zweisprachigen Lexikographie, Online-Artikel, www2.rz.huberlin.de/ linguistik/institut/.../abstracts.htm, Seite am 28. März geöffnet.

GUILLEMIN-FLESCHER Jacqueline : « *Théoriser la traduction* », Revue française de linguistique appliquée, 2003/2, Band VIII, Online-Artikel : http://www.cairn.info/ revue-française-de-linguistique-appliquée-2003-2-page-7.htm, Seite am 24. Oktober 2008 geöffnet.

http://de.wikipedia.org/wiki/Sprach%C3%B6konomie: Seite am 24. 03. 2011 geöffnet.

http://www cs.upb.de/extern/fb/2 /Kyb.Paed/SMOD/ Kapitel2.htm : Einführung in die Grundfragen der Sprachwissenschaft, Online-Artikel, Seite am 28. März 2011 geöffnet.

MAINGUENEAU Dominique : La notion du sens dans la théorie interprétative et dans l'approche communicative : ses reflets sur « la traduction pédagogique, Online-Artikel : www.ankara.edu.tr/dilder. Seite am 24. Oktober 2008 geöffnet.

MANZARI Francesco:« *Walter Benjamin, la traduction entre théorie et création* », Online-Artikel: http://www.fabula.org/revue/document, Seite am 23. Oktober 2008 geöffnet.

RAO Sathya : L'écriture post-coloniale en traduction : entre résistance et déplacement. Contribution à une théorie post-colonialedu langage. Online-Artikel, http://orees.concordia;ca/rao.html, Seite am 24.10.2008 geöffnet.

ROCHARDMichel: *Cours d'introduction à la méthodologie de la traduction*, Online-Artikel,www. infotheque.info/ressource/9904.html, Seite am 24. 10. 2008 geöffnet.

wiki.zum.de/Benutzer: Herr_Rau: Stammbaum der indoeuropäischen Sprachen, Seite am 23 Juli 2011 geöffnet.

www.linguistik-online.uni-kiel.de/germanistik_I.htm, Sprachgeschichte Deutsch, Seite am 24 Juli geöffnet

www.weidia.com/de-wiki/: Interferenz (Linguistik), Seite am 28. März 2011 geöffnet.

www.wissenschaft-online.de/astrowissen/rhetorik.html: Andreas Müller, Seite am 16. 09. 2011 geöffnet.

TEXTAUSZUG

BUSCH Wilhelm: Jesus, unser Schicksal, Schriftenmissions-Verlag, Neukirchen-Vluyn,1998, 237 Seiten.

INHALTSÜBERSICHT

Kapitel 3 :

L'HARMATTAN ITALIA
Via Degli Artisti 15; 10124 Torino
harmattan.italia@gmail.com

L'HARMATTAN HONGRIE
Könyvesbolt ; Kossuth L. u. 14-16
1053 Budapest

L'HARMATTAN KINSHASA
185, avenue Nyangwe
Commune de Lingwala
Kinshasa, R.D. Congo
(00243) 998697603 ou (00243) 999229662

L'HARMATTAN CONGO
67, av. E. P. Lumumba
Bât. – Congo Pharmacie (Bib. Nat.)
BP2874 Brazzaville
harmattan.congo@yahoo.fr

L'HARMATTAN GUINÉE
Almamya Rue KA 028, en face
du restaurant Le Cèdre
OKB agency BP 3470 Conakry
(00224) 657 20 85 08 / 664 28 91 96
harmattanguinee@yahoo.fr

L'HARMATTAN MALI
Rue 73, Porte 536, Niamakoro,
Cité Unicef, Bamako
Tél. 00 (223) 20205724 / +(223) 76378082
poudiougopaul@yahoo.fr
pp.harmattan@gmail.com

L'HARMATTAN CAMEROUN
BP 11486
Face à la SNI, immeuble Don Bosco
Yaoundé
(00237) 99 76 61 66
harmattancam@yahoo.fr

L'HARMATTAN CÔTE D'IVOIRE
Résidence Karl / cité des arts
Abidjan-Cocody 03 BP 1588 Abidjan 03
(00225) 05 77 87 31
etien_nda@yahoo.fr

L'HARMATTAN BURKINA
Penou Achille Some
Ouagadougou
(+226) 70 26 88 27

L'HARMATTAN SÉNÉGAL
10 VDN en face Mermoz, après le pont de Fann
BP 45034 Dakar Fann
33 825 98 58 / 33 860 9858
senharmattan@gmail.com / senlibraire@gmail.com
www.harmattansenegal.com

L'HARMATTAN BÉNIN
ISOR-BENIN
01 BP 359 COTONOU-RP
Quartier Gbèdjromèdé,
Rue Agbélenco, Lot 1247 I
Tél : 00 229 21 32 53 79
christian_dablaka123@yahoo.fr

Achevé d'imprimer par Corlet Numérique - 14110 Condé-sur-Noireau
N° d'Imprimeur : 135182 - Dépôt légal : janvier 2017 - *Imprimé en France*